SCORPIO

Miryam Muhm

SPIRITUALITÄT ALS LEBENSKOMPASS

Ausweg aus Orientierungslosigkeit
und Verlust des Ichs

SCORPIO

© 2021 Scorpio Verlag in der Europa Verlage GmbH, München
Umschlaggestaltung: Danai Afrati, München
unter Verwendung von © jdwfoto/Adobe Stock
Redaktion: Franz Leipold
Layout & Satz: Robert Gigler
Druck und Bindung: Pustet, Regensburg
ISBN 978-3-95803-465-5
Alle Rechte vorbehalten.
www.scorpio-verlag.com

»Als Forscher bin ich tief beeindruckt durch die Ordnung und die Schönheit, die ich im Kosmos finde sowie im Inneren der materiellen Dinge. Und als Beobachter der Natur kann ich den Gedanken nicht zurückweisen, dass hier eine höhere Ordnung der Dinge im Voraus existiert. Die Vorstellung, dass dies alles das Ergebnis eines Zufalls oder bloß statistischer Vielfalt sei, das ist für mich vollkommen unannehmbar. Es ist hier eine Intelligenz auf einer höheren Ebene vorgegeben, jenseits der Existenz des Universums selbst.«

Carlo Rubbia (Nobelpreis für Physik 1984)

INHALT

VORWORT 8

TEIL 1:
WAS IST SPIRITUALITÄT?
UND WAS IST RATIO? 12
Der Unterschied zwischen Religion und
    Spiritualität 13
Ein Leben ohne Glauben? 18
Wollte Nietzsche »Gott« wirklich
    für tot erklären? 21
Kapitalismus – die neue Religion? 24
Verdrängte Spiritualität – Körper und Seele
    rebellieren 28
Säkularisierte Vernunft versus spirituelle
    Vernunft 33
Die verschiedenen Formen der Ratio 35
Ist eine atheistische Wissenschaft tatsächlich
    besser? 40

TEIL 2:
DIE BESONDEREN PHÄNOMENE – BEWUSSTSEIN UND SPIRITUALITÄT 48

Nahtoderfahrungen und was sie uns sagen
   könnten 50
Präkognition – Wissen über zukünftige
   Ereignisse 59
Die terminale Geistesklarheit 61
Gibt es ein Gedächtnis außerhalb des Gehirns? 65
Hypothesen über das Bewusstsein 66
Fehlt uns der freie Wille? 72

TEIL 3:
DIE PRAKTIKEN DES BUDDHISMUS UND DIE SPIRITUELLE VERNUNFT 75

Mindfulness-Meditation als Treiber der rationalen
   Entwicklung 78
Mindfulness-Meditation und Gesundheit 80
Stundenlang meditieren? 82
Mindfulness to go 83
Mindfulness und Wirtschaft 85
Mindfulness als Treiber positiver
   Gehirnveränderungen 88
Meditation in die Schulen bringen! 91
Hirnzellentraining, persönliche Weiterentwicklung
   und Glückseligkeit 100

SCHLUSSWORT 108

ANMERKUNGEN 112

VORWORT

Warum sind wir so oft unzufrieden? Uns fehlt doch eigentlich nichts – den meisten von uns geht es gut. Sie haben eine Familie, Freunde, einen Beruf; sie können sich ihren Hobbys widmen und Urlaub machen (selbst in Corona-Zeiten). Und doch nagt oft irgendetwas an unserer Seele. Vielleicht ist es eine gefühlte »Orientierungslosigkeit«, das Fehlen eines höheren Sinns, denn tief in unserem Inneren wissen wir, dass wir von dieser Gesellschaft wie Marionetten manipuliert werden, dass wir wie hypnotisiert den Anforderungen unserer sozialen Umwelt unterliegen. Seit Jahrzehnten werden unser Denken und Handeln so gelenkt, dass wir unserer Seelenruhe den Rücken kehren und unser Glück im Konsum suchen. Diese Art von Befriedigung ist aber nur von kurzer Dauer (wie Walter Benjamin bereits vor 100 Jahren erkannte).

Zuweilen spürt unsere fremdbestimmte Seele, oder auch unser gelegentlich erwachendes Unterbewusstsein, dass wir eine wesentliche Dimension des Lebens verloren haben – eine Dimension, die nicht nur aus materialistischem Denken und Fühlen bestand, sondern in der

Ethik, Moral, gesunde Werte und Empathie noch einen wichtigen Platz hatten. Diese Dimension mündete oft in die Spiritualität oder wurde von ihr getragen. Wir wussten einmal fast instinktiv, dass es etwas gibt, was größer ist als unser Leben – und dieses Gefühl, diese innere Überzeugung diente uns als Kompass, um Gut von Böse zu unterscheiden. Wir bemühten uns, »richtig« zu handeln. Dieser Lebenskompass wurde uns jedoch zu dem Zeitpunkt genommen, als uns ein rein materialistisches Bild von der Natur vermittelt wurde und wir begannen, einem falsch verstandenen Säkularismus zu frönen, von dem wir inzwischen überzeugt sind: Religion und Spiritualität gelten als irrational. Nach den hypnotisierenden Vorstellungen des Kapitalismus unterliegt das Leben nur noch dem Materiellen (um das in unsere Köpfe zu bringen, setzen Werbung und Politik offen hypnotische Techniken ein). Kurz, wir haben der Spiritualität den Rücken gekehrt, und Moral und teilweise auch die Ethik sind weitgehend zu obsoleten Konzepten geworden.

Seit Jahrzehnten herrscht somit eine Art »ethischer Relativismus«, der wesentlich zu der heute verbreiteten Orientierungslosigkeit beiträgt. Die Grenzen zwischen Gut und Böse sind inzwischen so verschwommen, dass wir ohne ein Wimpernzucken dazu imstande sind, die absurdesten, ja perversesten Handlungen zu vollziehen.

Dieser ethische Relativismus nagt an unserer Seele, deshalb befriedigen wir sie mit immer neuen Dingen und Objekten (und die Wirtschaft freut sich). Da diese Befriedigung aber naturgemäß nur kurzfristiger Natur ist (es gibt ja ständig Neues zu erwerben), greifen viele von uns auf legale oder illegale Drogen zurück, ergehen sich in Alkoholexzessen oder verfallen in eine pervertierte Sexualität – alles, um ihrer inneren Getriebenheit zu entkommen.

Die nächsten Kapitel sollen uns als Wegweiser dienen, sich diese verloren gegangene Dimension der Werte und der Spiritualität, die eigentlich angeborene Teile unseres Ichs sind, wieder anzueignen, indem wir unser Gehirn mittels Meditation in diese Richtung trainieren.

Im ersten Teil wird die Spiritualität erörtert, so wie sie zum Beispiel Albert Einstein verstand.

Im zweiten Teil werden anhand wissenschaftlicher Studien außerordentliche Phänomene wie beispielsweise Nahtoderfahrungen, terminale Geistesklarheit und Präkognition aufgezeigt. Obwohl es hier vieles gibt, was wir noch nicht »rein wissenschaftlich« erklären können, sollten uns all diese Phänomene dazu verhelfen, ein wenig nachzudenken und uns Fragen zu stellen – insbesondere über die Art unseres Bewusstseins.

Im letzten Teil ist es mir sehr wichtig, zu zeigen, dass die Wieder-Aneignung der spirituellen Dimension durch Meditation durchaus auf der soliden Basis etlicher wissenschaftlicher Studien fußt. Nur mit wissenschaftlich belegten Tatsachen können wir uns der Wahrheit nähern, denn in dieser Zeit einer überbordenden Flut an Worten und Informationen brauchen wir faktenbasierte Beispiele, damit jeder frei ist, seine eigenen Entscheidungen auf den Grundlagen solider Erkenntnisse zu treffen. Die forschende Wissenschaft führt uns vor Augen, dass

Mindfulness-Meditation und Empathie uns die Möglichkeit eröffnen, eine höhere oder »bessere« Vernunft zu erreichen. Und sie zeigt uns vor allem eines: Diese höhere Dimension lässt uns insgesamt nicht nur zufriedener und glücklicher sein, sondern auch respektvoller mit der Natur und unseren Mitmenschen umgehen. Einen Versuch wäre es allemal wert.

TEIL 1
WAS IST SPIRITUALITÄT? UND WAS IST RATIO?

In diesem Buch geht es nicht um Religion und ihre hypnotisierenden Kulte und Riten, sondern um die Erfahrung und das Empfinden von Spiritualität, also um ein – wie Einstein es nannte – tiefgreifendes Gefühl, welches das menschliche Handeln richtungsweisend mitbestimmt und sinnstiftend ist, denn ein Leben ohne Spiritualität kann sich nur auf Materialismus und Rationalität stützen. Das Problem ist aber (wie in den letzten Jahrzehnten deutlich geworden), dass sich diese beiden so gepriesenen Grundelemente des heutigen Lebens von einem hypnotischen Glauben nähren – und zwar von dem Glauben, dass wir mit unserer Vernunft bessere Entscheidungen treffen und das Materialistische dieser Welt leichter in den Griff bekommen können. Dem ist aber, wie ich ausführen werde, mitnichten so, denn sonst bräuchten so viele von uns nicht auf legale wie illegale Drogen zurückzugreifen, um ihre zermürbende innere Orientierungslosigkeit zu überdecken.

Es geht in diesem Buch also hauptsächlich um die Bedeutung von Spiritualität für unser Leben, und zwar von wissenschaftlichen Gesichtspunkten aus gesehen. Um dies besser zu verstehen und entsprechend zu verinnerlichen, muss eine erweiterte Definition von Vernunft und Ratio in Betracht gezogen werden, denn wir müssen uns fragen, ob es tatsächlich nur **eine** solche gibt oder ob wir nicht besser von unterschiedlichen Formen der Vernunft sprechen sollten – zum Beispiel von praktischer und theoretischer Vernunft und von niederer (Vorratio),[1] höherer und spiritueller Ratio (Vernunft). Nur eine höhere bzw. eine spirituelle Ratio kann uns den Weg zeigen, **Gut von der »Banalität des Bösen« und Richtig von Falsch** zu unterscheiden.

Weiterhin ist zu erörtern, ob der gewollte Gegensatz zwischen Spiritualität (oft mit Irrationalität gleichgesetzt) und Wissenschaft *(de facto* gleichbedeutend mit Rationalität) tatsächlich so flächendeckend existiert, wie uns das hypnotisch vorgegaukelt wird.

Der Unterschied zwischen Religion und Spiritualität

Während Religion von Menschen für Menschen erdacht und verkündet wird und sich dank Riten und Liturgien zum »Opium des Volkes« – also in ein hypnotisierendes Dogma – verwandeln kann, ist Spiritualität etwas ganz anderes. Grundsätzlich entspringt sie einer natürlichen Gefühlserfahrung des Menschen. Albert Einstein beschrieb dies in sehr anschaulicher Weise: »*Meine Religion besteht in demütiger Anbetung eines unendlichen geistigen Wesens höherer Natur, das sich selbst in den kleinen*

Einzelheiten kundgibt, die wir mit unseren schwachen und unzulänglichen Sinnen wahrnehmen können. **Diese tiefe gefühlsmäßige** Überzeugung von der Existenz einer höheren Denkkraft, *die sich im unerforschlichen Weltall manifestiert, bildet den Inhalt meiner Gottesvorstellung.*«[2] (Hervorhebung durch die Autorin)

Diese Art spiritueller Empfindung bedarf keiner Lehrer, keiner Lehren und keiner Meister. Spiritualität bedeutet die gefühlte Erfahrung der Existenz einer höheren Lebensdimension, **deren Vorstufen oft auch in einem natürlichen Gerechtigkeitsempfinden, in Empathie und ethischen Vorstellungen ihren Ausdruck finden** können. Denn wir »empfinden« Gerechtigkeit oder Ungerechtigkeit, wir »verspüren« Empathie, wir »fühlen« Ethik (nicht umsonst sagen wir oft, dass sich etwas richtig oder falsch »anfühlt«). Dieses »moralische« Empfinden ist genetisch und somit biologisch bedingt, da es auf Erfahrungen der Evolution beruht, und ist auch bei Wölfen, Hunden und natürlich bei den Primaten zu finden.[3] (Hierzu kann ich wärmstens ein Video des bekannten Primatologen Frans de Waal über den Gerechtigkeitssinn von Kapuzineraffen empfehlen.[4])

Selbst bei unseren nahen Verwandten ist dieses Empfinden von »gerecht« oder »ungerecht« nicht nur auf das eigene Ego beschränkt, das heißt, das Gefühl von »Ungerechtigkeit« (oder »Moral«) wird nicht nur auf sich selbst bezogen, sondern auch in Bezug auf andere Individuen der eigenen Gruppe empfunden: Wenn Bonobos beispielsweise während eines Experiments bemerken, dass ihre Artgenossen kein Futter abbekommen haben, geben sie ihnen etwas von ihrem ab.[5]

Wir Menschen empfinden zwar Liebe und Mitgefühl, aber auch Hass und Missgunst. Dabei handelt es sich um Gefühle, genau wie bei der echten Spiritualität. (Es gibt nämlich auch eine unechte, die darin besteht, nur so zu tun, als ob man »spirituell« sei – etwa, um sich einer bestimmten Gruppe zugehörig zu fühlen.)

Echt empfundene Spiritualität ist in den meisten Fällen eine lebenstragende Kraft. Sie ist sinnstiftend und eine Art Kompass, denn sie zeigt mit fast zweifelsfreier Präzision, wohin der Lebensweg gehen sollte, und entfernt sich automatisch von den »animalisch-primitiven« und oft negativen Gefühlen, die uns nach wie vor genetisch belasten – wie zum Beispiel Habgier, Neid und Machtstreben (Stichwort Alphatier). Diese machen es Menschen, die uns aus Eigeninteresse in dieser niederen Dimension halten wollen, ziemlich leicht, uns entsprechend zu manipulieren und die Gesellschaft so zu gestalten, dass sie ihren egoistischen Zielen entgegenkommt.

Wenn lange genug behauptet wird, dass das Spirituelle irrational ist und dass es stattdessen rational, also »richtig« sei, Macht anzustreben oder auf Kosten anderer zu sehr viel Geld zu kommen, können Menschen nichts anderes tun, als diese eigentlich negativen Eigenschaften als Grundpfeiler unseres Lebens zu betrachten; sie werden sie somit verinnerlichen und entsprechend handeln. Es heißt ja oft »Der Ehrliche ist der Dumme« – aber letztlich ist er der innerlich Glückliche(re). Wir wähnen uns intelligent, wenn wir nur der Ratio folgen und das Spirituelle gänzlich außen vor lassen – aber ist dem wirklich so?

Unsere hypnotisierte Zivilgesellschaft (in meinem Buch *Die hypnotisierte Gesellschaft* detailreich dargelegt) muss sich die Frage stellen, ob *Gott* tatsächlich tot ist – **und mit Gott ist hier nicht eine anthropomorphe Gestalt gemeint, sondern eine höhere, universelle Denkkraft, das schöpferische Prinzip, wie Einstein es einst beschrieb.** Vermutlich ist das uns vorgegaukelte glückliche Leben voller materieller Dinge in vielen Fällen unterschwellig ein zutiefst frustrierendes und unglückliches, weil es von jeglichem religiösen Glauben und von den meisten spirituellen Ankern losgelöst ist. Wenn uns all das so glücklich machen würde, warum müssen sich so viele **in Antidepressiva flüchten oder unter psychosomatischen Krankheiten leiden?**

Hypnotisiert von einer seit Jahrzehnten propagierten Pseudorationalität, verspüren inzwischen viele von uns, dass uns eine wertvolle Möglichkeit genommen wurde, unser Leben in eine höhere Dimension einzubetten und es nicht nur auf die simple, rein materielle Sinnhaftigkeit des *Survival of the Fittest* (Villa und Rolex) oder auf die biologisch diktierte Reproduktion (Familie gründen und Kinder bekommen) zu reduzieren (so sehr Letzteres der Erhaltung der Spezies dient).

Die innere Leere, die diese niedere Vernunft und das Negieren einer höheren Dimension in uns Menschen erzeugt haben, wird auch in unseren alltäglichen Handlungen spürbar – anders ließen sich so manche fragwürdigen Verhaltensweisen der Menschen nicht erklären: Da kauft sich jemand Sneakers für 1,5 Millionen Euro[6] (trotz der Tatsache, dass tagtäglich Kinder an Armut sterben); junge Mädchen prostituieren sich, um ihren Schulkameradinnen eine neue Original Gucci-Tasche vorzeigen zu können,[7] und immer mehr schieben sich Kokain in die Nase, um besseren Sex oder einfach nur Spaß zu haben.[8] (Nebenbei: Früher nahmen die Menschen Drogen, um mystische, also spirituelle oder bewusstseinserweiternde Erfahrungen zu machen.[9])

Diese Verhaltensweisen entspringen einer Strategie, die uns ständig glauben macht, ethische Prinzipien seien »relativ« und nicht allgemeingültig: Auf diese Weise verwirrt, verlieren die Menschen ihr Gespür für echte, Lebenssinn stiftende Werte.

Die Abgründe solcherart verkümmerter Seelen werden uns tagtäglich vor Augen geführt: Das geht vom steigenden Konsum extremer Pornoszenen (gerade bei Minderjährigen)[10] bis zur allgegenwärtigen Ausbreitung der Pädophilie (von diversen Parteien und Verbänden in Europa bis vor wenigen Jahren als »schutzwürdige Expression der sexuellen Freiheit« gerechtfertigt[11]).

Als weitere Beispiele seien hier auch die sichtbar gewordene Korruption der Politiker[12] und die Machtbesessenheit der Ultrareichen erwähnt. Letztere verfolgen unter dem Vorwand, den Planeten retten zu wollen, so manche Agenda zu ihren Gunsten[13] und tun zuweilen sogar genau das Gegenteil dessen, was sie verkünden: *Amazon*, *Microsoft* und *Apple* haben Gruppen unterstützt, die den von den US-Demokraten vorgestellten Gesetzentwurf zum Klimaschutz **bekämpften**.[14]

Wir alle wissen unterschwellig, dass uns spirituelle Gefühle – oder zumindest ein weitgehend kollektives Empfinden von Ethik und Gerechtigkeit – dazu befähigen würden, eine bessere Gesellschaft zu gestalten als die heutige. Leider aber haben die meisten von uns im Namen der Ratio (die eigentlich eine Pseudo- oder Vorratio[15] bzw. eine niedere ökonomische Ratio ist) der Spiritualität den Rücken gekehrt.

Ich werde versuchen aufzuzeigen, dass und wie uns der Begriff der »Rationalität« bzw. der Begriff der Vernunft seit Langem **hypnotisch** in seinem Bann hält und dass wir unbedingt aus dieser Hypnose erwachen müssen, wenn es uns ernst damit ist, ein aufrichtigeres Miteinander und eine bessere Gesellschaft zu gestalten.

Ein Leben ohne Glauben?

Vor 40 Jahren schrieb Marion Gräfin Dönhoff, eine der angesehensten deutschen Journalistinnen und Mitherausgeberin der *Zeit*: »*Ohne das Wissen um eine höhere Macht ist der Mensch seiner eigenen Arroganz und Maßlosigkeit ausgeliefert. [...] Erst die **Negierung alles Metaphysischen** hat die totalitäre Macht des Menschen über den Menschen möglich gemacht und den absoluten Terror zur Realität werden lassen. [...] **Ohne jene übergeordnete Autorität** fehlen ihm die Orientierungsmarken, hält er sich selbst für allmächtig, bis er – dieser Omnipotenz* *schließlich überdrüssig – nicht einmal mehr an sich selber glaubt.«*[16] (Hervorhebung durch die Autorin)

Einem solchen Menschen bleibt nichts anderes übrig, als die Stimme des eigenen frustrierten und unglücklichen Egos durch unkontrolliertes Kaufverhalten, obsessiven Sex oder berauschende Modedrogen zum Schweigen zu bringen. *»Wenn es keinen transzendenten Bezug gibt«*, so Dönhoff weiter, *»dann wird in dieser immer komplexer, immer verwirrender werdenden Welt die Hilflosigkeit, die ein Charakteristikum der heutigen Generation zu sein scheint, am Ende zur Verzweiflung in Permanenz. [...] Die Furcht vor dem Nichts (und die ausschließliche Diesseitigkeit, also der totale Positivismus, ist ja das Nichts) ist überdies wohl mit ein Grund für die zunehmenden Aggressionen, die wir heute allenthalben feststellen müssen.«*[17] (Hervorhebung durch die Autorin)

Diese scharfe Analyse, vor mehr als 40 Jahren geschrieben, ist heute aktueller denn je – denken wir nur an die zunehmende Hasskultur und Aggressivität, die Femizide und die brutale Intoleranz. Und an das angeblich saubere Gewissen jener, die, willentlich und ohne eine Sekunde zu zögern, Korruption, Lügen, Gier und Perversionen an den Tag legen, als ob das Leben nur noch von negativen Werten geprägt wäre. Welch karge Seelenlandschaft, welche Dunkelheit breitet sich aus?

Igor Sibaldi, ein in Italien berühmter Bestsellerautor, Religionswissenschaftler und YouTube-Star, befasst sich seit Jahren mit diesen Fragen und mit der Bedeutung von Metaphysik für unser Leben. In seinen Seminaren beschreibt er, wie unser wirtschaftliches und soziales System es schafft, uns alle »kleinzuhalten«, also innerhalb der beschränkten geistigen Grenzen dessen, was uns die Gesellschaft als wünschenswert beibringt und vermittelt und was eigentlich nur den biologischen Grundbedürfnissen (Nahrung, Fortpflanzung etc.) sowie den kapitalistischen Maßgaben (Konsum, Fortschritt etc.) entspricht: Wir essen, um zu überleben, wir haben Sex, um uns (u. a.) zu reproduzieren, wir arbeiten und verdienen Geld, um hauptsächlich diese primären biologischen Bedürfnisse zu befriedigen, und wir konsumieren, um dieses biologische wie kapitalistische System in Gang zu halten.

Für viele Menschen sind insbesondere Machtstreben und Habgier zu Grundbedürfnissen geworden, also primitive Triebe, die es insbesondere dann zu befriedigen gilt, wenn das gesellschaftliche System diese Verhaltensweisen fördert und »belohnt«. (Auch Primaten zeigen sich in der Gruppe gierig und egoistisch, werden aber von ihren Artgenossen dafür bestraft.[18])

Was aus unserem Gesellschaftssystem resultiert, bringt Dönhoff treffend auf den Punkt: »*Die Verarmung und Sinnentleerung, die durch solche Reduzierung hervorgerufen worden ist, wird von vielen schmerzlich empfunden.*«[19] Die Säkularisierung und die Tatsache, dass ein Philosoph wie Nietzsche »*Gott ist tot*« proklamierte, führten dazu, dass immer mehr Menschen Spiritualität als das Überbleibsel einer irrationalen Epoche betrachtet haben und weiterhin betrachten und sich so gut wie gänzlich von ihr losgelöst haben.

Wollte Nietzsche »Gott« wirklich für tot erklären?

Diese Frage ist wesentlich, denn womöglich wurde die viel zitierte Todesproklamation des deutschen Philosophen fehlinterpretiert. Damit hätten wir wieder jemanden, der aufgrund der Eigeninteressen der Eliten nur auf einige seiner Konzepte reduziert wurde und wird. Ähnlich wie Darwin – mit dem man weithin die Konzepte »Kampf ums Dasein« und »Survival of the Fittest« verbindet, obwohl er eigentlich insbesondere die Evolution als Kooperation verstand – wird Nietzsche von der Gesellschaft mit seinem Begriff des »Übermenschen« und dem bekannten Satz »Gott ist tot« gleichgesetzt. Wie weiter unten dargelegt wird, hat unsere Interpretation dieses Satzes allerdings nichts mit dem Gedanken zu tun, den Nietzsche mit »Gott ist tot« ausdrücken wollte.

Hier stellt sich eine Frage von essenzieller Bedeutung: **Kam die historische Entwicklung zu einer säkularisierten Weltanschauung, die sich von der Spiritualität abwandte und dem Kapitalismus den Weg ebnete, den Zielen und Vorhaben einiger Menschen vielleicht besonders entgegen? Und haben diese die Säkularisierung mithilfe hypnotisierender Maßnahmen womöglich sogar gezielt gefördert?**

Denn was ist passiert? Sehr viele von uns haben sich der Manipulation der Kirche entzogen, um aus einer »Hypnose des Glaubens« zu erwachen – dabei aber nicht gemerkt, dass sie im Laufe der Zeit einer anderen, verhängnisvolleren Hypnose verfallen sind, nämlich den Versprechungen einer neuen wirtschaftlichen und gesellschaftlichen Ordnung, die Wachstum, Wissenschaft und Ratio zu den neuen Göttern erhoben hat. (Dass diese bei Weitem nicht das halten, was sie gemeinhin versprechen, dürfte im Verlauf meiner Ausführungen deutlich werden.)

War Nietzsche der Auffassung, dass »Gottes Tod« wünschenswert sei und in den Menschen **keine** traumatischen Spuren im Sinne einer Sinnleere hinterlassen würde? Damit sich jeder sein eigenes Bild machen kann, soll Nietzsche hierzu mit einigen Zeilen aus *Die fröhliche Wissenschaft* selbst zu Wort kommen: »*Habt ihr nicht von jenem tollen Menschen gehört, der am hellen Vormittage eine Laterne anzündete, auf den Markt lief und unaufhörlich schrie: ›Ich suche Gott! Ich suche Gott!‹ – Da dort gerade Viele von Denen zusammen standen, welche nicht an Gott glaubten, so erregte er ein grosses Gelächter. Ist er denn verloren gegangen? sagte der Eine. Hat er sich verlaufen wie ein Kind? sagte der Andere. Oder hält er sich versteckt? Fürchtet er sich vor uns? Ist er zu Schiff gegangen? ausgewandert? – so schrieen und lachten sie durcheinander. Der tolle Mensch sprang mitten unter sie und durchbohrte sie mit seinen Blicken. ›Wohin ist Gott?‹ rief er, ich will es euch sagen! **Wir haben ihn getödtet, – ihr und ich! Wir Alle sind seine Mörder! Aber wie haben wir diess gemacht?** Wie vermochten wir das Meer auszutrinken? Wer gab uns den Schwamm, um den ganzen Horizont wegzuwischen? Was thaten wir, als wir diese Erde von ihrer Sonne losketteten? Wohin bewegt sie sich nun? **Wohin*** *bewegen wir uns? Fort von allen Sonnen? Stürzen wir nicht fortwährend? Und rückwärts, seitwärts, vorwärts, nach allen Seiten? Giebt es noch ein Oben und ein Unten?* **Irren wir nicht wie durch ein unendliches Nichts?**«[20] (Hervorhebungen durch die Autorin)

Nietzsche hatte also bereits im Vorfeld erahnt, was im Laufe der Zeit geschehen würde, denn er sah nicht nur den Verfall des Christentums kommen (man denke an die tiefe Krise der katholischen Kirche), sondern auch dessen Folgen, wie Scotty Hendricks im Wissenschaftsmagazin *Big Think* darlegt: »*Europa brauchte* [nach der Aufklärung] *nicht mehr Gott als Quelle für alle Moral, Werte oder die Ordnung im Universum; Philosophie und Wissenschaft waren in der Lage, das für uns zu tun. Diese zunehmende Säkularisierung des Denkens im Westen führte den Philosophen* [Nietzsche] *zu der Erkenntnis, dass Gott nicht nur tot war, sondern dass die Menschen ihn mit ihrer wissenschaftlichen Revolution, ihrem Wunsch, die Welt besser zu verstehen, getötet hatten.*

Der Tod Gottes erschien Nietzsche als eine nicht ganz so gute Sache. *Ohne einen Gott war das grundlegende Glaubenssystem Westeuropas in Gefahr, [...]. Wenn das alte Sinnsystem verschwunden war, konnte ein neues geschaffen werden, aber es war mit Risiken behaftet – sol-* **chen, die die schlimmsten Seiten der menschlichen Natur hervorbringen konnten. Nietzsche glaubte, dass die Beseitigung dieses Systems die meisten Menschen in die Gefahr der Verzweiflung oder Sinnlosigkeit brachte.** *[...] Er wäre nicht überrascht gewesen von den Ereignissen, unter* *denen Europa im 20. Jahrhundert zu leiden hatte. Kommunismus, Nationalsozialismus, Nationalismus und die anderen Ideologien, die sich nach dem Ersten Weltkrieg ihren Weg über den Kontinent bahnten, versuchten dem Menschen Sinn und Wert zu geben, als Arbeiter, als Arier oder eine andere große Tat; [...] Obwohl er diese Ideologien abgelehnt haben mag, hätte er das Bedürfnis nach dem Sinn, den sie bieten, zweifellos anerkannt.«*[21]

Kapitalismus – die neue Religion?

Und was ist heute gemeinhin der Sinn eines Menschen? Sich abzustrampeln, um die Karriereleiter emporzusteigen? Um Geld anzuhäufen? Um möglichst oft durch die Welt zu fliegen (und dabei den CO_2-Ausstoß zu erhöhen)? Um sich ständig neue Dinge kaufen zu können? Und dabei Sklavenarbeit, erzwungene Prostitution und weitere Abartigkeiten unserer kapitalistischen Gesellschaft mit ungerührtem Achselzucken zur Kenntnis zu nehmen?[22]

Wie schaut eine Welt aus, die ohne ein schöpferisches Prinzip auskommen muss und sich nur noch dem marktkonformen und konsumorientierten Diktat des Habens unterwirft? Welchen neuen Kult hat sich diese Welt ausgesucht? Schon vor rund 100 Jahren schrieb der Philosoph Walter Benjamin dazu: »***Im Kapitalismus ist eine Religion zu erblicken**, d. h. der Kapitalismus dient essentiell der Befriedigung derselben Sorgen, Qualen, Unruhen, auf die ehemals die so genannten Religionen Antwort gaben. [...] **Erstens ist der Kapitalismus eine reine Kultreligion**,* *vielleicht die extremste, die es je gegeben hat. [...] Der Kapitalismus ist vermutlich der erste Fall eines nicht entsühnenden, sondern verschuldenden Kultus. [...]*

Darin liegt das historisch Unerhörte des Kapitalismus, daß Religion nicht mehr Reform des Seins, sondern dessen Zertrümmerung ist. Die Ausweitung der Verzweiflung zum religiösen Weltzustand, aus dem die Heilung zu erwarten sei.«[23] (Hervorhebungen durch die Autorin)

Welch geniale Analyse! Walter Benjamin war sicherlich **nicht** hypnotisiert, als er die kapitalistischen Mechanismen entlarvte: **Zuerst wird die Gesellschaft in die Verzweiflung getrieben, um ihr dann** *panem et circenses,* **also Konsum und Spaß, anzubieten.**

In diesem System besteht die Heilung der unterschwellig fortdauernden Seelenverzweiflung darin, dass man – nur ein Beispiel – bei einer Sotheby's-Versteigerung 1,8 Millionen Dollar für ein Paar von Kanye West getragene (hässliche) Sneakers ausgibt.[24]

Sneakers sind im Moment überhaupt besonders im Trend und zeigen uns, wie diese neue Religion funktioniert: Um der religiösen Gemeinschaft der Kapitalismus-Hypnotisierten die Möglichkeit zu geben, an den Sneakers-Liturgien teilzunehmen, hat ein angesehenes Auktionshaus wie Sotheby's nun einen eigenen Webshop-Verkauf[25] solch überteuerter Turnschuhe gestartet, deren Preis bei 25.000 Euro oder mehr liegt, wobei sich die Kosten für Produktion, Transport etc. höchstens auf 30 bis 50 Euro belaufen.[26]

Wie hypnotisiert oder schlafwandlerisch dumm sind

wir eigentlich in unserem angeblich so rationalen Handeln und Entscheiden?

Der Hauptkult des Kapitalismus besteht in der Erzeugung von Bedürfnissen und deren Befriedigung (eine neue Form von »Opium fürs Volk«). Aber welcher Art sind diese Bedürfnisse? Heute astronomisch teure Synthetikschuhe[27] ... und was kommt morgen?

Wir praktizieren einen Kult, dem wir uns seit Jahrzehnten wie in Trance huldigend hingeben und der schon vor der Corona-Zeit die extremsten Auswüchse dieser Ersatzreligion aufgezeigt hat. Tagelang standen wir vor Geschäften an, um das Modell einer hippen Markentasche zu ergattern, oder verbrachten gar Nächte im Schlafsack auf dem Bürgersteig in der Hoffnung, zu den ersten stolzen Besitzern des neuesten überteuerten Smartphones zu zählen. Man kann wohl davon ausgehen, dass dies nach Beendigung der Corona-Krise wieder Fahrt aufnehmen wird.

Ein anderer Aspekt des Kapitalismus der letzten Jahre ist, dass er uns dazu verführt hat, kontinuierlich auf Schnäppchenjagd zu gehen (à la »Schnell noch das Ticket im Internet buchen, solange es so billig ist«). Für Richard David Precht ist dieser Auswuchs des Kapitalismus nichts anderes als ein **Entsolidarisierungsprogramm:** »*Die Flexibilisierung der Preise nach sekündlichem Angebot und Nachfrage ist ein Entsolidarisierungsprogramm sondergleichen. Also das ist ein welthistorisches Experiment. Früher hat jeder im Zug das Gleiche für sein Ticket bezahlt, er kriegte vielleicht, wenn er körperlich versehrt war oder*

Kind war oder Rentner, eine Ermäßigung, ansonsten haben alle dasselbe bezahlt. Heute fährt der Zug mit dem Geld der Trottel, die nicht rechtzeitig ihr Ticket gebucht haben, z. B. deswegen, weil sie gar nicht wissen, wie das geht [...] meistens die ältere Bevölkerung. Und auf deren Kosten fahren all diejenigen, die die Schnäppchenpreise gekriegt haben. Und das Gleiche haben wir bei jedem Flug. [...] Das ist eine grundsätzliche Entsolidarisierung – ich versuche mir auf Kosten anderer Vorteile zu verschaffen – und ich werde, wenn ich das nicht tue, bestraft, also tue ich das [...] um kein Verlierer in diesem Prozess zu sein. **Und das ist in der Tat ein tagtägliches, jeden Tag sich quasi ereignendes Entsolidarisierungsprogramm.** *[...] (Unter) Turbokapitalismus verstehe ich ein System, in dem wir mit ökonomischer Vernunft, also der Frage: »Was habe ich davon?« jede einzelne Frage in unserem Leben angehen.* **Im Grunde genommen hat der Kapitalismus inzwischen unsere Seelen sehr weit kannibalisiert.**«[28] (Hervorhebungen durch die Autorin)

Kann ein Mensch glücklich sein, dessen Seele vom System »vereinnahmt« wird? Wir müssen endlich aufwachen und begreifen, dass wir nicht nur unserer Würde, sondern auch der Möglichkeit beraubt werden, unser Leben mit spirituellen Empfindungen in einer höheren und wahrhaft glücklichen Dimension zu führen, wie ich im Laufe dieses Buches anhand wissenschaftlicher Studien aufzeigen werde.

Wir, die Angehörigen der sogenannten kultivierten westlichen Zivilisation, und auch die atheistischen Orientalen bevorzugen jedoch leider die säkularisierte aufgeklärte Rationalität, denn wir meinen, fast alles wissenschaftlich und rational erklären zu können – und merken dabei nicht, dass man uns die Seele, wie Precht es nennt, »kannibalisiert« hat.

Verdrängte Spiritualität – Körper und Seele rebellieren

Die oberflächliche, konsumorientierte Lebensform durchdringt unser Dasein, sei es mit immer neuen Modeartikeln, Handys, billigeren Flugreisen etc. ... oder Kokain: Davon wurden 2021 auf deutschem Boden 16 Tonnen sichergestellt,[29] das heißt, der Verbrauch liegt vermutlich viel höher. In den USA nahmen 2019 über 41 Millionen Amerikaner dieses Aufputschmittel ein.[30] Auch der kontinuierlich steigende Konsum von legalen stimmungsverändernden Medikamenten (Antidepressiva und Co.)[31] ist ein Zeichen innerer Unruhe – unter der hauptsächlich Menschen leiden, die mit unserer gegenwärtig positivistisch und materialistisch geprägten Lebensweise nicht mehr zurechtkommen.[32]

Dazu ein kurzer Exkurs in die Geschichte von L., einer Frau, die nach ihren eigenen Worten erst mit 50 verstanden hat, worum es im Leben tatsächlich geht. Sie ist Friseurin und hat einen eigenen Salon mit mehreren Mitarbeitern aufgebaut, der am Wochenende 40 bis 50 Kundinnen bedient. L. ist eine erfolgreiche Geschäftsfrau und verdient gut, und das bereits seit mehreren Jahren. Während der Corona-Pandemie fand sie mehr Zeit, um sich mit ihrem Nachbarn T. K. zu unterhalten, einem libanesischen Journalisten, der ihr viel aus seiner Heimat und von den finanziellen und wirtschaftlichen Problemen seines Volkes erzählte. Eines Tages berichtete er, dass eine Bekannte von ihm, die bis vor Kurzem noch einen gut besuchten Friseurladen in Beirut führte, seit der Wirtschaftskrise nicht mehr wisse, wie es weitergehen soll. L. hörte höflich zu, konnte aber mit dieser Information nicht viel anfangen.

Einige Monate später, als der Lockdown gelockert wurde, kaufte L. beim Großhändler einige Produkte für ihren Salon ein. Da kam ihr plötzlich wieder die Geschichte der verarmten Friseurin aus Beirut in den Sinn, und sie begann, noch alles Mögliche mehr einzukaufen: Haarfärbemittel, professionelle Haartrockner, Nagellack, Scheren usw. Zu Hause packte sie das alles in einen großen Koffer und brachte diesen zu ihrem libanesischen Nachbarn – er solle ihn zu seiner Bekannten in Beirut bringen oder schicken. Der Journalist T. K. bedankte sich vielmals, wie es in seinem Land Sitte ist.

In den darauffolgenden Wochen nahm L. per WhatsApp Kontakt zu ihrer fernen Kollegin auf, die im zerrütteten Beirut weiter darum kämpfte, ihre Familie zu ernähren. Sie beschloss, sie weiter zu unterstützen, und zwischen den beiden Frauen entstand eine tiefe Freundschaft. Da ihre libanesische Kollegin kein Geld annimmt, schickt L. ihr bis heute »Friseursachen«. Nach einer Weile erzählt L. ihrem Nachbarn, dass diese direkte Solidarität ihr Leben völlig umgekrempelt hätte. Früher habe sie Markenschuhe für 400 oder 500 Euro gekauft, aber um ihr Leben in den Griff zu bekommen – oder besser gesagt, mit der nagenden Unzufriedenheit ihres »sinnlosen Lebens« fertigzuwerden –, musste sie Antidepressiva und Schlaftabletten nehmen. Sie stand, so drückte sie das aus, regelrecht unter »Konsum-Betäubung«. Heute kauft sie Schuhe oder Kleidung für ein Zehntel dessen, was sie früher dafür ausgegeben hat; das meiste Geld verwendet sie für die überlebensnotwendigen Sachen, die sie ihrer libanesischen Kollegin schickt – obwohl ihr Mann nicht damit einverstanden ist. Sie tut es trotzdem, denn »*sie hat endlich verstanden, was Leben bedeutet*«. Manchmal geht sie auch in die Kirche, wenn sie leer ist, um sich mit einer spirituellen Realität zu verbinden, die sie dank ihres Gebens nun entdeckt hat.

Diese wahre Geschichte von L. ist nur eine von vielen, die sich in ihren Strukturen und Aussagen darüber, wie Altruismus das Leben zum Positiven verändern kann, immer wieder ähneln und ständig wiederholen. All diese Menschen eint die Tatsache, dass sie sich beim Helfen anderer selbst so wohlfühlen wie noch nie zuvor. Geben ist für sie der Weg zu einem glücklicheren Leben in einer neuen, spirituellen Dimension.

Wissenschaftlich wurde bereits vor etwa einem Jahrzehnt nachgewiesen, dass Menschen, die Spiritualität empfinden, ein signifikant geringeres Risiko haben, schwere Depressionen zu entwickeln: »*Bereits 2012 hatten die Wissenschaftler um Dr. Lisa Miller von der Columbia-Universität in New York in einer prospektiven Studie über zehn Jahre festgestellt, dass familiär belastete Probanden, für die Religion besonders wichtig ist, ein um **90 Prozent geringeres Risiko für eine Major-Depression haben*** *als Menschen ohne den Hang zu Religion und Spiritualität«* – so in der *ÄrzteZeitung* von 2014 zu lesen.[33] (Hervorhebung durch die Autorin)

Da die universelle Denkkraft für tot erklärt worden ist (was nicht nur den Produzenten von Luxus-Sneakers, sondern auch den Herstellern von überteuerten Stimmungsaufhellern, also der Pharmabranche, zugutekommt), lohnt es sich, nebenbei zu erfahren, womit wir unsere innere Leere eigentlich beheben, wenn wir beispielsweise Antidepressiva einnehmen. In einer Cochrane-Studie, die 2018 im *BMJ* veröffentlicht wurde, kommen Wissenschaftler aus Dänemark zu folgendem Schluss: »*Die Evidenz stützt keine definitiven Schlussfolgerungen bezüglich des Nutzens von Antidepressiva bei Depressionen bei Erwachsenen. Es ist unklar, ob Antidepressiva wirksamer sind als Placebo.*«[34] (Hervorhebung durch die Autorin)

Wir nehmen Medikamente gegen unsere dunkle Unruhe ein, also gegen das, was man im Grunde genommen als eine Sinnentleerung der Seele bezeichnen könnte – und wissen nicht, dass diese Medikamente kaum wirksamer sind als eine Zuckerpille. Einmal mehr verfallen wir also Placebo-Hypnosen (wie in *Die hypnotisierte Gesellschaft* beschrieben), die einigen Menschen allerdings immensen Reichtum bescheren: 2018 erwirtschaftete der globale Markt für Antidepressiva und Anti-Angst-Medikamente schätzungsweise über zwölf Milliarden Dollar.[35] Laut der o. g. Studie wurde dieses Geld für eigentlich unnütze Medikamente ausgegeben, also großen Pharmafirmen in den Rachen geworfen. Und wenn wir es mit Drogen oder Medikamenten nicht schaffen, unserer täglich nagenden Unruhe und inneren Leere zu entfliehen, müssen andere Abhilfemittel her.

Ist der grenzenlose Alkoholverbrauch[36] nicht auch ein Versuch, emporsteigende Fragen und Sinnkrisen[37] abzuwürgen? Die wissenschaftlich belegte Tatsache, dass von einer echten inneren Spiritualität beseelte Menschen weniger für Alkohol anfällig sind und besser abstinent bleiben können,[38] zeigt ebenso auf, dass extremer Alkoholkonsum mit einer verloren gegangenen Dimension des Lebens zusammenhängt: »*Religiöse Zugehörigkeit, Spiritualität und spirituelle Praktiken wurden häufig als Schutzfaktoren* für die *Prävention und Behandlung von gefährlichem Alkoholkonsum [...] untersucht. [...] Von Bedeutung für den vorliegenden Artikel ist – Kendler und Kollegen stellten fest, dass eine stärkere allgemeine Religiosität, soziale Religiosität, der Glaube an die Beteiligung Gottes am Leben einer Person, der Glaube an Gott als Richter sowie Dankbarkeit signifikant mit einem verringerten Risiko für Alkoholabhängigkeit verbunden waren.*«[39]

Die Vereinigung der Anonymen Alkoholiker setzt schon seit Jahren auf Spiritualität, um Menschen, die sich im Alkohol verloren haben, von dieser Abhängigkeit zu befreien.[40]

Und wie erfolgreich lassen sich die doch hin und wieder aufkommenden Sinnfragen mit Pornovideos[41], Chemsex[42] oder legalen und illegalen Substanzen verdrängen oder vergessen?

Unsere heutige Spaßgesellschaft ist das Resultat von Orientierungslosigkeit und mentalem Selbstbetrug, deren bitteren Nachgeschmack wir wahrscheinlich alle zumindest einmal schon selbst empfunden haben – und zwar in jenen Momenten, in denen wir mittels einer Handlung oder Verhaltensweise unsere Würde (und damit die Würde des universellen Prinzips, dessen Ausfluss wir sind) mit Füßen getreten haben.

Unsere bereitwillige Akzeptanz der von einer spaß- und geldfixierten Gesellschaft diktierten Lebensformen und der Rituale der kapitalistischen Ersatzreligion ist das Ergebnis einer Mischung aus fremd- und selbst-induzierter Hypnose. Wir folgen den Zwängen unterschiedlicher Gruppen und wähnen uns besonders intelligent und vernünftig, wenn wir **nicht** an ein höheres und universelles Prinzip glauben. Wir halten uns für aufgeklärt, obwohl wir unser Denken und Handeln hauptsächlich nach den biologischen Urinstinkten primitiver Raubtiere bzw. nach der kapitalistischen Sublimierung dieser Vorgaben ausrichten (Nahrung ergattern = Geld anhäufen).

Säkularisierte Vernunft versus spirituelle Vernunft

Die säkularisierte Vernunft hat uns zweifellos viele Vorteile gebracht, ebenso wie der ihr entsprungene wissenschaftliche Grundgedanke. Wir verdanken der Wissenschaft etliche Fortschritte – in der Medizin zum Beispiel die moderne Chirurgie und Medikamente wie Antibiotika, die unser Leben retten können und in der Technologie Geräte wie Waschmaschine und Smartphone, die uns den Alltag erleichtern.

Aber haben säkularisierte Ratio, Wissenschaft und Technik eine menschliche(re) Entwicklung eingeleitet? Sind wir durch sie besser, klüger, humaner geworden?

Vor über einem Jahrhundert hat Max Weber auf geradezu hellseherische Weise dargelegt, was passieren würde, wenn man nur der Wissenschaft und der Ratio folgt: »*Machen wir uns zunächst klar, was denn eigentlich diese intellektualistische Rationalisierung durch Wissenschaft und wissenschaftlich orientierte Technik praktisch bedeutet. Etwa, daß wir heute, jeder z. B., der hier im Saale sitzt, eine größere Kenntnis der Lebensbedingungen hat, unter denen er existiert [...]? Schwerlich.*«[43]

Weber war der Auffassung, dass die Wissenschaft eine gottfremde Macht ist, die den Sinn der Welt mitnichten durch Rationalität erklären könne.

Viele Jahre später äußerte sich Julian Jayne zu diesem Thema. Er war wissenschaftlicher Mitarbeiter in Princeton im Bereich Psychologie und kam zu einer hochinteressanten Auslegung des Kampfes zwischen Religion und Wissenschaft: »*Wir denken manchmal, und stellen uns das gerne so vor, dass die beiden größten Kräfte, die die Menschheit beeinflusst haben, nämlich Religion und Wissenschaft, immer historische Feinde waren, die uns gegeneinander ausspielen. Aber [...] nicht die Religion, sondern die Kirche und die Wissenschaft standen sich feindlich gegenüber. Und es war Rivalität, nicht Gegensätzlichkeit.* **Beide waren religiös. Sie waren zwei Giganten, die erbittert um das Gleiche stritten. Beide proklamierten, der** *einzige Weg zur göttlichen Offenbarung zu sein. (The Origin Of Consciousness In The Breakdown Of The Bicameral Mind* [Der Ursprung des Bewusstseins durch den Zusammenbruch der bikameralen Psyche], *Teil III, Kapitel 6, Seite 43).*«[44] (Hervorhebung durch die Autorin)

Beide Rivalen verfolgten ein höheres Ziel, nämlich die Wahrheit über unser Dasein zu verstehen. Nebenbei: Wegen dieser Rivalität wurde der anerkannte Biochemiker Rupert Sheldrake (der das Geistig-Spirituelle mit der Wissenschaft zu verbinden versucht) vom **sogenannten rationalen Wissenschaftsbetrieb** marginalisiert.

Müssen Wissenschaftler, die Spiritualität in die Forschung integrieren wollen, partout aus der Wissenschaft verbannt werden? Dann müssten beispielsweise auch Nikola Tesla, Charles Darwin oder Albert Einstein aus der Wissenschaft ausgestoßen werden – anerkannt grandiose Forscher, die der Erhabenheit der Schöpfung Huldigung zollten bzw. ihre Spiritualität offen bekannten. Würde man also all diesen Wegbereitern Folge leisten, dann stünden Ratio und Spiritualität nicht in diametralem Gegensatz zueinander, sondern würden ineinander verschmelzen – und in der spirituellen Vernunft münden.

Die verschiedenen Formen der Ratio

Die klassischen Philosophen setzten *Ratio* nicht mehr mit *Vernunft* gleich, sondern mit *Verstand,* und *Vernunft* mit *Intellectus.*

Nun, laut Duden ist *Ratio* bedeutungsgleich mit *Vernunft* oder dem *logischen Verstand.* In vorliegendem Text halte ich mich an diese Definition, wobei ich die Ratio, also die Vernunft, in eine niedere (also ähnlich einer Vorratio) und eine höhere einteilen werde.

Wir Menschen folgen nämlich entweder einer primitiven, das heißt einer niederen Vernunft, oder einer höheren. **Die niedere Vernunft** besteht aus sublimierten Elementen einer Pseudorationalität, in die wir die elementarsten biologischen Bedürfnisse verpackt haben – also all das, was wir als vernünftig betrachten, weil es die primitiven Bedürfnisse des Ich befriedigt. Wir akkumulieren beispielsweise Geld und Macht, um uns bestmöglich am Leben erhalten und fortpflanzen zu können. Dies bezeichnet Igor Sibaldi als das kleine »verkümmerte Dasein« (zu dessen Erhaltung Psychologie[45] und Psychiatrie einen großen Beitrag geleistet haben, wie einige Wissenschaftler in der Vergangenheit konstatiert haben[46]). Und dann gibt es **die höhere Vernunft** – sie verfolgt Ziele, die nicht nur das Ego befriedigen, sondern darüber hinaus für die Gemeinschaft, die Natur und den Planeten von Bedeutung sind. Und ebendiese höhere Vernunft geht mit der Suche nach Wahrheit und Sinn einher, um über Empfindungen wie Empathie, Ethik und Gerechtigkeit in die Spiritualität zu münden.

Von der niederen Ratio zur höheren Ratio – bis hin zur spirituellen Vernunft
Ich werde versuchen, diese Entwicklung am Beispiel des Wissenschaftsbetriebes aufzuzeigen, denn gerade für die Wissenschaft gilt ja allgemein, dass sie voll und ganz auf der Ratio fußt. In vielen Fällen ist das allerdings nur noch

eine Wunschvorstellung, da die Wissenschaft heutzutage oft nicht mehr viel mit höherer Vernunft oder Ratio gemein hat.

Die niedere Ratio in der Wissenschaft

So gibt es zum Beispiel in der evidenzbasierten Medizin (EbM) massive finanzielle Interessen,[47] und viele Universitäten werden von »Baronen« dominiert (ältere weiße Männer, die nur solchen jungen Wissenschaftlern und Wissenschaftlerinnen Zugang gewähren, die ihnen ihre Pfründe sichern, den Erfolg nicht streitig machen und sie nicht in den Schatten stellen).[48] Nun lebt die Wissenschaft aber hauptsächlich von neuen und vielversprechenden Ideen. Zuerst belächelt, sind es ja gerade diese anfänglich irrational erscheinenden Ideen, die eine echte Rationalität (im Sinne der hohen Vernunft) in die Wissenschaft einbringen und die Forschung vorantreiben. Einstein hatte dies für sich bereits klar erkannt: »*Ich habe nie durch den Prozess des rationalen Denkens eine meiner Entdeckungen gemacht.*«[49] (Hervorhebung durch die Autorin)

Diese »irrationalen« Visionen werden dann später zur höheren Vernunft transformiert. Leider aber werden wir – und eben auch viele Wissenschaftler – von diesem System und unserer biologisch tief verwurzelten Primitivität hypnotisch innerhalb der **niederen Ratio** »kleingehalten«, wie der bekannte Physiker Lee Smolin speziell in Bezug auf den Wissenschaftsbetrieb bereits vor einigen Jahren darlegte: »*Die Probleme wurzeln in der Art und Weise, wie die Karriere- und Finanzierungsstrukturen der*

*Universitäten die »Ich-Ich-Ich«-Wissenschaft belohnen: mangelnden Mut, Festhalten an gescheiterten Forschungsprogrammen, post mortem-Imagepflege, eigennütziges Machtstreben, Engstirnigkeit, defensive Strategien und Gruppendenken. Diese Punkte sollten jeden beunruhigen, der in der Position ist, Anreize für Akademiker zu schaffen. [...] Viele haben mit mir gesprochen und sind besorgt, und einige wenige bemühen sich, Anreize zu schaffen, die **risikoreiche/gewinnbringende, transformative Wissenschaft** belohnen und Gruppendenken, risikoarme/gewinnbringende und »Ich-Ich-Ich«-Wissenschaft vermeiden.«*[50] (Hervorhebung durch die Autorin)

Was Smolin hier beschreibt, ist alles andere als eine Wissenschaft, die von purem Forschergeist betrieben wird und sich nur der »Sache an sich« widmet – so wie es eigentlich sein sollte, wenn wir Wissenschaft mit höherer Ratio gleichsetzen (wollen).

In der Wissenschaft rücken nämlich seit Jahrzehnten zunehmend Interessen und Erwägungen in den Vordergrund, die eigentlich primitiver Natur sind, aber als Vernunftgründe verkleidet werden und damit ihre Rechtfertigung erhalten. Auf diese Weise haben ursprüngliche biologische Bedürfnisse, die sich heutzutage in Karriere, Machtanspruch und Habgier sublimieren, den Niedergang der echten wissenschaftlichen Forschung eingeleitet.

Smolin führt weiter aus: *»Dies geschieht leicht, indem man sich auf eng gefasste Auffassungen von Exzellenz konzentriert, **die technische Virtuosität mehr belohnen als die Entwicklung neuer Ideen**. Das Problem ist, dass neue Ideen immer kritikanfällig sind; außerdem sind Wissen-*

schaftler, die einen stufenweisen Ansatz mit geringem Risiko verfolgen, oft bessere akademische Politiker als diejenigen [...], die sich mit hochriskanten Strategien befassen, weil sie [schlicht] *mehr Zeit und Kraft haben, sich dem Spiel um akademischen Einfluss zu widmen, da ihre* [risikoärmere] *Forschung weniger herausfordernd ist.*«[51] (Hervorhebung durch die Autorin)

Wir sollten also der hypnotischen Behauptung, die Wissenschaft sei auch heute noch ein Hort, ja geradezu eine Metapher der Vernunft und von dieser geleitet, mit größter Skepsis begegnen und endlich die Augen öffnen.

Wie bereits betont, muss auch hier unterschieden werden zwischen höherer und niederer Vernunft. Höhere Vernunft in der Wissenschaft zeigt sich dann, wenn das »Ich«, eigentlich das Ego, zugunsten der Lösung eines gemeinsamen Problems oder der reinen Forschung zurücktritt und nicht nur rational verbrämte Aktivitäten erfolgen, die letztlich nur der eigenen Person, der eigenen Familie oder einer Gruppe Vorteile bringen, aber der eigentlichen Sache abträglich sind.[52]

Forschern mit einer offeneren und breiter angelegten (und auch spirituellen) Vision der Wissenschaft, die ihr Metier im Sinne ethischer Grundsätze und nach den Regeln guter wissenschaftlicher Praxis betreiben, werden von engstirnigen Gralshütern materialistischer Vorstellungen allzu oft unüberwindbare Hindernisse in den Weg gelegt: Man schweigt sie tot, gibt sie der Lächerlichkeit preis oder zerstört ihre Karriere (als Beispiele seien hier nur Rupert Sheldrake und John Yudkin erwähnt). Labore sind zu Gefängnissen der freien wissenschaftlichen Gedanken mutiert.[53] Gäbe es tatsächliche Freiheit in der Wissenschaft, hätten sich nicht über 500 Forscher und Akademiker zusammengeschlossen, um das »Netzwerk Wissenschaftsfreiheit« zu unterstützen, das Anfang 2021 gegründet wurde.[54]

Während der Corona-Zeit konnten und können wir tagtäglich erleben, dass Wissenschaftler bei ein und demselben Forschungsobjekt sehr oft zu widerstreitenden Annahmen oder unterschiedlichen Studienergebnissen kommen[55] (zum Beispiel darüber, ob die Lockdowns überhaupt nutzbringend waren, ob von den Schulen eine erhöhte Ansteckungsgefahr für die allgemeine Bevölkerung ausging u. v. m.). Diese Feststellung ist eigentlich trivial, sollte uns aber nochmals vor Augen führen, dass die Wissenschaft eben nicht so objektiv und vernunftgetrieben ist, wie uns hypnotisch vorgegaukelt wird, und dass sie in vielen Fällen ganz sicher **nicht** mit höherer Vernunft gleichzusetzen ist[56] – denn sonst gäbe es beispielsweise in der medizinischen Forschung keine Korruption.[57]

Ist eine atheistische Wissenschaft tatsächlich besser?

Diese Frage ist fundamental, denn in den letzten Jahrzehnten wurden viele Wissenschaftler, die sich (auch) mit spirituellen Fragen oder angeblich irrationalen Themen befassten, stark marginalisiert, wenn nicht gar diffamiert. Man muss sich also fragen, ob eine von Gott losgelöste Wissenschaft tatsächlich besser ist als eine, die sich vorurteilsfrei auch von der Spiritualität leiten lässt.

Wie viele seiner Kollegen versucht der theoretische Physiker und Astrophysiker Marcelo Gleiser, Spiritualität und Wissenschaft in Einklang zu bringen. Gleich Darwin bezeichnet auch er sich als Agnostiker (also jemand, der die Existenz Gottes weder bejaht noch verneint), betont aber gleichzeitig, dass er **kein** Atheist ist, also die Existenz Gottes nicht verneint, und zwar aus wissenschaftlichen Gründen.

Professor Gleiser lehrt am Dartmouth College in New Hampshire (USA) und wurde 2019 für sein Eintreten für die Verbindung von Naturwissenschaft und Spiritualität mit dem hoch dotierten *Templeton Prize* ausgezeichnet.[58]

Wie sehr in Deutschland (und im übrigen Europa) insbesondere in den letzten Jahrzehnten Spiritualität und Wissenschaft als streng getrennte Elemente betrachtet werden und dass an dieser Grundeinstellung unterschwellig nicht gerüttelt werden darf, lässt sich schon daran erkennen, dass diese doch ziemlich bedeutende Preisverleihung von den Leitmedien weitgehend außen vor gelassen wurde: Anscheinend ist es zu heikel, eine Nachricht über einen theoretischen Physiker und Astrophysiker zu bringen, der sich mit Spiritualität auseinandersetzt – könnte sie doch das uns vermittelte Bild ins Wanken bringen, wonach die Wissenschaft nur von atheistischen oder agnostischen Forschern betrieben wird. Ein weiterer Fall medialer Hypnose – hier erzielt durch das Fast-Totschweigen einer ebenso wissenswerten wie aufschlussreichen Information. Die Vorstellung atheistischer, logisch-rationaler Forschung soll anscheinend unbedingt in unseren Köpfen verankert bleiben, obwohl sie die Wissenschaft einengt und sie zwingt, innerhalb dieser vorgegebenen Grenzen zu bleiben. Der materialistische Wissenschaftsbetrieb, aktuell sehr in seiner Orthodoxie erstarrt, verneint die »besonderen« Phänomene, die vielleicht zu einem weitreichenderen Verständnis der Natur und des Menschen führen könnten – und lässt unerforscht und unstudiert, was nicht auf den ersten Blick physisch kausal erklärbar ist.

In seiner Dankesrede sagte Professor Gleiser: »*Beim wissenschaftlichen Verstehen und bei der wissenschaftlichen Erklärung geht es nicht nur um den materiellen Aspekt der Welt. Ich sehe meine Aufgabe darin, der Wissenschaft und den Menschen, die sich dafür interessieren,* **den geheimnisvollen Aspekt wieder zurückzubringen, damit die Menschen verstehen, dass Wissenschaft nur ein Weg ist, das Geheimnis zu lösen, wer wir sind.**«[59] (Hervorhebung durch die Autorin)

Wenn wir Wissenschaft definieren wollen, müssen wir uns eingestehen, dass wir gerade anhand der Ratio nicht behaupten können, dass Wissenschaft atheistisch sein müsse oder dem Atheismus verpflichtet sei, denn wissenschaftlich ist es eben **nicht zu beweisen,** dass es Gott, ein universelles Prinzip oder eine universelle Denkkraft **nicht gibt.**

Im *Scientific American* äußerte sich Gleiser dazu wie folgt: »*Ehrlich gesagt, ich denke,* **dass Atheismus mit der wissenschaftlichen Methode unvereinbar ist.** *Was ich damit meine, ist: Was ist Atheismus? Es ist eine Aussage, eine* **kategorische** *Aussage, die den* **Glauben an den Nicht-**

Glauben ausdrückt. [...] So geht es nicht nur mir, sondern auch meinem Kollegen, dem Astrophysiker Adam Frank und einer Reihe anderer, die mehr und mehr über die Beziehung zwischen Wissenschaft und Spiritualität diskutieren.«[60] (Hervorhebungen durch die Autorin)

Den meisten von uns ist vermutlich nicht bekannt, dass sich nicht nur Professor Gleiser, sondern auch zahlreiche andere Forscher für eine höhere Vernunft im Sinne einer spirituellen Vernunft interessieren. Dies ergibt sich schon aus der Tatsache, dass Wissenschaftler explizit ein tiefes Erstaunen über die Natur empfinden, insbesondere in ihren jeweiligen Forschungsgebieten.

Bei einer Umfrage des PEW-Research-Center (2009), an der mehr als 2500 Wissenschaftler teilnahmen, gaben 51 Prozent der US-Forscher an, religiös oder spirituell zu sein; 11 Prozent definierten sich als Agnostiker und 17 Prozent als Atheisten.[61]

Auch eine 2015 weltweit durchgeführte Umfrage unter fast 9500 Wissenschaftlern erbrachte eine Reihe bemerkenswerter Ergebnisse. In einigen Ländern (Italien, Türkei, Taiwan und Indien) bezeichneten sich mehr als die Hälfte als religiös. In anderen Ländern war der Anteil der sich selbst als religiös bezeichnenden Wissenschaftler höher als in der allgemeinen Bevölkerung, so z. B. in Hongkong. Elaine Howard Ecklund von der Rice University, die Leiterin der weltweiten Umfrage von 2015, sagt dazu: »*Wissenschaft ist ein globales Unterfangen [...]* ***Und solange Wissenschaft global ist, müssen wir erkennen, dass die Grenzen zwischen Wissenschaft und Religion*** *durchlässiger sind, als die meisten Menschen denken.«*[62] (Hervorhebung durch die Autorin)

Diese Umfrage lieferte noch weitere interessante Resultate: *»Zusätzlich zu den quantitativen Ergebnissen der Umfrage fanden die Forscher in Interviews differenzierte Ansichten in den Antworten der Wissenschaftler. Zum Beispiel* **haben zahlreiche Wissenschaftler zum Ausdruck gebracht, wie Religion ethische Grauzonen ›kontrollieren‹ kann.«**[63] (Hervorhebung durch die Autorin)

Ein Biologieprofessor aus Großbritannien meinte diesbezüglich: »*[Religion bietet eine] Kontrolle bei solchen Gelegenheiten, wo man versucht sein könnte, eine Abkürzung zu nehmen, weil man etwas veröffentlichen möchte und wo man denkt: ›Oh, dieses Experiment war nicht wirklich gut genug, aber wenn ich es auf diese Weise darstelle, wird das schon genügen.‹*«[64]

Demnach hilft Religion, oder besser Spiritualität, das Richtige zu tun im Sinne der höheren und nicht der niederen Vernunft – **also auch in der Forschung** *de facto* **zwischen Gut und Böse, zwischen Richtig und Falsch zu unterscheiden** und sich, wie in obigem Beispiel beschrieben, korrekt zu verhalten und eben **keine** unlauteren Abkürzungen zu nehmen.

Gerade in der Wissenschaft kann Spiritualität als Kompass dienen, um nicht nur Ethik, sondern auch fundamental neue und vielversprechende Forschungsfragen anzugehen.

In den letzten Jahrzehnten der materialistischen Übermacht mussten viele Wissenschaftler, insbesondere in der Forschung, ihre Spiritualität verbergen: »*Es sollte kein Tabuthema sein, aber, offen gesagt, ist es das in wissenschaftlichen Kreisen oft*«,[65] so vor einigen Jahren der Genetiker Francis S. Collins, heute Direktor der US-amerikanischen Gesundheitsinstitute *(NIH)*, der frei über seinen christlichen Glauben spricht.

Seit einigen Jahren mehren sich allerdings die Stimmen der Forscher, die jenseits des Physikalismus den Weg der Versöhnung von Wissenschaft und Spiritualität gehen wollen, wie das 2019 von US-Wissenschaftlern publizierte Buch *Beyond Physicalism: Toward Reconciliation of Science and Spirituality* darlegt.[66] Vielleicht macht sich ja das Bedürfnis nach einer höheren Vernunft, die in eine spirituelle Vernunft mündet, künftig stärker bemerkbar ...

Es hat jedenfalls schon immer Wissenschaftler gegeben, die der Spiritualität zugeneigt waren – darunter vor allem jene, denen die Wissenschaft große Errungenschaften verdankt (Newton, Einstein, Curie, Tesla etc.). Es ist nicht nur ihre unstillbare Neugier auf diese Welt, sondern auch die tiefe Verwunderung (und Bewunderung), die sie für den Makrokosmos oder den Mikrokosmos **empfinden,** die sie dazu bringt, sich wesentliche Fragen zu stellen – und Antworten bzw. Lösungen zu finden.

Dies gilt wohl für die meisten Wissenschaftler. Professor Marcelo Gleiser drückt dies so aus: »*Für mich ist die Wissenschaft ein Weg, sich mit dem Mysterium der Existenz zu verbinden. Und wenn man es so betrachtet, ist das Mysterium der Existenz etwas, worüber sich die*

Menschen Gedanken gemacht haben, seit sie begannen, Fragen darüber zu stellen, wer wir sind und woher wir kommen. Während diese Fragen also heute zur wissenschaftlichen Forschung gehören, sind sie viel, viel älter als die Wissenschaft. Ich spreche nicht von der Wissenschaft der Materialien oder von der Hochtemperatur-Supraleitung, die großartig und super wichtig sind, aber das ist nicht die Art von Wissenschaft, die ich betreibe. Ich spreche von der Wissenschaft als Teil einer viel bedeutenderen und älteren Art der Fragestellung, wer wir im großen Bild des Universums sind. [...] Einstein hätte das Gleiche gesagt, denke ich, mit seinem kosmischen religiösen Empfinden.«[67]

In der Tat inspirierte diese Fragestellung auch den Begründer der Relativitätstheorie: Einstein wollte wissen, wie Gott denkt, denn alles andere sei nur Nebensache.[68]

Und die großen wissenschaftlichen Fragen kamen ihm, weil er von einer tiefen spirituellen Empfindung durchdrungen war: »*Das schönste und tiefgehendste Gefühl, das wir erfahren können, ist die Wahrnehmung des Geheimnisvollen.* **Sie ist der Same aller wahren Wissenschaft. Wem dieses Gefühl fremd ist, wer nicht mehr ergriffen von Ehrfurcht stehen bleiben kann, ist so gut wie tot.** *Diese mit tiefen Gefühlen verbundene Überzeugung vom Dasein einer überlegenen, intelligenten Macht, die sich im unbegreiflichen Weltall offenbart, sie bildet meine Vorstellung von Gott.*«[69] (Hervorhebung durch die Autorin)

Viele Wissenschaftler fragen sich, ob diese Art, die Welt zu sehen, zu erfahren und zu erfühlen, uns nicht die Möglichkeit eröffnet, ein **erweitertes Denken** an den Tag zu legen und sich somit intelligentere **Fragen** zu stellen – also im Grunde (wie Einstein, aber auch viele andere) eine »bessere Wissenschaft« zu betreiben, um auf diese Weise wegweisende Antworten und Lösungen zu finden, die uns auch im Leben weiterhelfen können.

Denn Fakt ist, dass es die »rationale« Wissenschaft bislang nicht schafft, Antworten auf grundlegende Fragen zu liefern, zum Beispiel: Was ist das Bewusstsein? Hat das Universum Grenzen? Was war vor dem Urknall (Big Bang)? Was sind dunkle Materie und dunkle Energie?[70]

All diese unbeantworteten Fragen könnten vielleicht besser von Wissenschaftlern angegangen werden, die eine erweiterte Vision bevorzugen, also Elemente einbeziehen, die vielleicht irrational erscheinen, aber einen neuen Zugang ermöglichen (siehe Teil 2). Erinnern wir uns bitte an die Tatsache, dass Einsteins Entdeckungen, wie er selbst sagte, nicht aufgrund von rationaler Forschung zustande kamen.

In seinem Buch *The Constant Fire*, das von der Wissenschaft und dem spirituellen Weg der Menschen handelt, schreibt der bekannte Physiker Adam Frank (ein weiterer Wissenschaftler, der sich spirituell geoutet hat): ***»Es geht um das menschliche Bestreben, das Wahre und Wirkliche zu finden und dann das Leben diesem Verständnis gemäß aufzubauen.«***[71] Genau darum geht es. (Hervorhebung durch die Autorin)

TEIL 2:
DIE BESONDEREN PHÄNOMENE – BEWUSSTSEIN UND SPIRITUALITÄT

Warum diese Themen? Ganz einfach: Die besonderen Phänomene dürfen nicht unberücksichtigt gelassen und als »irrational« abgestempelt, wenn nicht sogar als »paranormale Phänomene« diskreditiert werden. Präkognition, Nahtoderfahrungen und terminale Geistesklarheit sind besondere Phänomene, die es zu erforschen gilt (wie es einige mutige Wissenschaftler an wichtigen Universitäten bereits tun), denn sie öffnen ein Fenster in eine unbekannte Dimension. Die Erforschung des Unerklärlichen könnte dazu führen, das menschliche Bewusstsein endlich besser zu verstehen, denn bislang fehlt der Beweis, ob es sich in einem Gehirnareal befindet oder aufgrund von Quanteneffekten dem neuronalen Netzwerk entspringt.

Wie fundamental bedeutsam solche Phänomene sind, ergibt sich auch aus der Tatsache, dass einige Experten die Nahtoderfahrung als »das vielleicht wichtigste psychologische Phänomen des 20. Jahrhunderts« bezeichnen. Es sei »so schockierend und kontra-intuitiv wie die Quantenmechanik«.[72] Diese Phänomene zu studieren oder zumindest sie in die wissenschaftliche Forschung zu integrieren ist von größter Relevanz, wie uns folgende Begebenheit über Einstein zeigt. Es waren vermutlich Gefühle und staunende Neugier über »die unerklärlichen Phänomene«, die Einstein dazu gebracht haben, seine allgemeine Relativitätstheorie zu Ende zu denken. Was ihm den konkreten Anstoß dazu gab, erfuhr ein Journalist der *New York Times* im Dezember 1919.

Albert Einstein war in Berlin, als ihm jemand von seiner Nahtoderfahrung berichtete. Der Mann war von einem Dach gestürzt und hatte im freien Fall eine Art Schwebezustand und gleichzeitig eine unglaubliche Verlangsamung der Zeit empfunden, so als ob es gar keine Zeit mehr gegeben hätte. Der Journalist fasste das lange Interview mit Albert Einstein wie folgt zusammen: »*Von seiner hohen Bibliothek aus, in der unser Gespräch stattfand, beobachtete er vor Jahren, wie ein Mann von einem benachbarten Dach fiel – glücklicherweise auf einen Haufen weichen Mülls – und fast ohne Verletzungen davonkam. Dieser Mann berichtete Dr. Einstein, dass er beim Fallen nicht das empfand, was gemeinhin als Wirkung der Schwerkraft angesehen wird, welche ihn nach Newtons Theorie gewaltsam zur Erde ziehen würde. Dieser Vorfall, gefolgt von weiteren ähnlichen Untersuchungen, setzte in seinem [Einsteins] Kopf eine komplexe Gedankenkette in Gang, die schließlich, wie er es ausdrückte, ›nicht zu einer Verleugnung der Newton'schen Gravitationstheorie, sondern zu einer Sublimierung bzw. Ergänzung derselben führte‹.*«[73]

Nach Einsteins eigenen Worten hatte ihn also die außergewöhnliche besondere Wahrnehmung eines Mannes – eine Art Nahtoderfahrung mit Schwebegefühl und Zeitstillstand – dazu bewegt, sich weitere Fragen zu stellen, die es ihm schließlich ermöglichten, die allgemeine Relativitätstheorie zu vollenden.

Über derartige Phänomene musste Einstein nämlich bereits während seines Studiums in Zürich in den Vorlesungen von Professor Albert Heim gehört haben, der über Nahtoderfahrungen (seine eigenen und die anderer Menschen) einen wissenschaftlichen Bericht geschrieben hatte. Damals gab es diesen Begriff zwar noch nicht, aber die Schilderungen der Erfahrungen decken sich: »*Zu einer Reihe von interessanten Aspekten, die Heim selbst sowie viele von ihm befragte Personen berichteten, gehörte, dass sich ›die Zeit stark ausdehnte‹ (Heim, zitiert in Noyes und Kletti, 1972, S. 47), während der Körper auf den Boden darunter fiel. Etwas anders ausgedrückt, was Heim entdeckte, war, dass Menschen oft berichteten, dass die Zeit sich zu verlangsamen oder ganz anzuhalten schien, wenn sie aus einer großen Höhe fielen.*«[74] Diese Zeitausdehnung ist typisch für eine Nahtoderfahrung, wie sie die moderne Forschung auf diesem Gebiet beschreibt.[75]

Nahtoderfahrungen und was sie uns sagen könnten

Was geschieht, kurz bevor wir sterben? Oder in der Zeit, in der wir laut Aussage der Mediziner bereits tot sind, aber durch Wiederbelebungsmaßnahmen dem Tod entkommen? Vermögen wir, in diesen Momenten zu erfahren, dass ein vom Körper unabhängiges Bewusstsein existiert? »*Philosophen und Theologen können ganze Karrieren auf diese Fragen gründen, Naturwissenschaftler hielten sich lange Zeit davon fern. Doch das ändert sich gerade. Mediziner haben seit einigen Jahren angefangen, sich für das zu interessieren, was nach dem klinischen Tod passiert. Mit ihren Experimenten bereiten sie den Weg, einen uralten Menschheitsglauben zu überprüfen: dass wir mehr sind als nur Fleisch und Blut*«,[76] wie es in einem *Zeit*-Artikel heißt.

Insbesondere die Reanimationsärzte könnten einen wissenschaftlichen Beitrag dazu leisten, dieses bei einer geringen Zahl von Patienten beobachtete Phänomen besser zu klären. Allerdings gibt es da ein Problem, wie die *Zeit* weiter beschreibt: »*Das Lager der Materialisten ist groß, und sie halten schon die Frage für unsinnig. Geist sei das Resultat reiner Hirnchemie, so ihre Ansicht. Wenn das Gehirn nicht mehr funktioniere, gehe der Geist nirgendwohin. Er verschwinde wie die Projektion eines Beamers, wenn der Stecker gezogen wird.*«[77]

Aber nicht alle winken bei diesen besonderen Begebenheiten verächtlich ab – es gibt zahlreiche Forscher, die sich diesen Phänomenen widmen: »*Der niederländische Kardiologe Pim van Lommel berichtete 2001 im Fachblatt Lancet von einem 44-jährigen Patienten, der bewusstlos im Park zusammengebrochen war. Sein Herz war stehen geblieben [...] Ärzte begannen kurze Zeit später mit der Reanimation. Eine Krankenschwester nahm dem Mann sein Gebiss aus dem Mund, um ihn mit einem Luftschlauch zu beatmen. Er überlebte. Eine Woche später, als die Krankenschwester den Patienten wiedersah, sagte* *er zu ihr: ›Da ist ja die Frau, die weiß, wo mein Gebiss ist.‹ Der Mann wusste, dass sie es in eine Schublade gelegt hatte, konnte sich an den Raum erinnern, in dem er wiederbelebt worden war, und beschrieb Details seiner Reanimation – obwohl er klinisch tot gewesen war. Er habe seinen Körper verlassen und sei im Raum herumgeschwebt, erzählte er dem verdutzten Klinikpersonal. Pim van Lommel schließt aus solchen Berichten, dass Nahtoderfahrungen unmöglich allein durch biochemische Vorgänge im Gehirn erklärt werden können. Und dass die Seele eine eigene Entität ist, vollkommen unabhängig von einem funktionierenden Gehirn. Pim van Lommel ist so etwas wie der Fraktionsvorsitzende des spirituellen Lagers. Den Beweis dafür, dass die Erklärung **nicht** rein körperlich sein könne, sieht er darin, dass die meisten der von ihm dokumentierten Patienten **keine** Nahtoderfahrungen hatten, obwohl sie klinisch tot waren.«*[78] (Hervorhebungen durch die Autorin)

Was er damit meint, ist: Gäbe es einen physischen Grund, hätten alle Menschen kurz vor dem Tod eine Nahtoderfahrung.

Inzwischen gehen die Forscher von einer relevanten Anzahl solcher Fälle aus: In Deutschland sollen 4 bis 5 Prozent der Menschen (also über drei Millionen) solche Nahtoderfahrungen gemacht haben. Die meisten haben ihr Leben danach oft völlig umgekrempelt, das heißt, sie verhielten sich ihren Mitmenschen gegenüber deutlich empathischer.[79]

In anderen Ländern scheint der Prozentsatz sogar höher zu sein, und einige Wissenschaftler vermuten, dass bis zu 10 Prozent, also einer von zehn Menschen, bereits eine solche Erfahrung durchlebt hat.[80] Bei Herzinfarktpatienten steigt die Quote auf bis zu 18 Prozent.[81]

An der Universität Kopenhagen forscht der deutsche Neurologe Daniel Kondziella seit Jahren auf diesem Gebiet. Er führte eine Studie durch, um festzustellen, ob Nahtoderfahrungen besonders bei Menschen vorkommen, die an ungewöhnlichen »REM-Schlaf-Intrusionen« leiden und aus diesem Grund über Bild- sowie Audio-Halluzinationen kurz vor oder nach dem Einschlafen berichten.

Zwar wurde seine Hypothese durch seine Studie bestätigt, die 2019 mit über 1000 Teilnehmern über das Internet stattfand – doch angesichts der Fehleranfälligkeit einer Online-Durchführung sind die Ergebnisse, wie die Autoren selbst betonen, mit Vorsicht zu genießen und eher als eine Orientierungshilfe für weitere Forschungen auf diesem Gebiet zu verstehen.[82]

Interessant sind aber einige Eckdaten dieser Studie, die bereits vorher bekannt waren: Menschen durchleben eine Nahtoderfahrung insbesondere dann, wenn sie sich in unmittelbarer Todesgefahr befinden (Herzinfarkt, Autounfall etc.), und die in diesen Momenten gemachten Erfahrungen – es können sogar mehrere gleichzeitig auftreten – sind überall auf der Welt ziemlich ähnlich: *»Die am häufigsten genannten Empfindungen waren abnormale Zeitwahrnehmung [...]; außergewöhnliche Gedankengeschwindigkeit [...]; außergewöhnlich lebendige Sinne [...] und das Gefühl, vom eigenen Körper getrennt zu sein, einschließlich außerkörperlicher [Out-of-body, OBE] Erfahrungen [...].«*[83]

Sich mit Studien über Nahtoderfahrungen zu befassen ist eine Sache. Eine andere ist es, Menschen zu kennen, die eine solche erlebt haben.

Barbara ist eine gute Bekannte von mir; ich schätze ihre Ernsthaftigkeit und die große Liebe, die sie in sich trägt und ausstrahlt. War es vielleicht gerade diese Liebe, die sie eine Nahtoderfahrung erleben ließ? Selbst heute mit 60 Jahren kann sich Barbara noch immer präzise an diese außerordentliche Erfahrung erinnern, die sie als 26-Jährige machte. Sie erwartete damals ihr erstes Kind, und es war eine problematische Schwangerschaft, denn sie litt an Eklampsie (früher Schwangerschaftsvergiftung genannt). An einem Wochenende kurz vor der Geburt stand es nicht gut um sie, sodass sie ins Krankenhaus eingeliefert wurde. Die Eklampsie hatte bereits ihre Organe angegriffen, ihr Blutdruck schnellte in die Höhe, und es setzten starke Wehen ein, die Stunde um Stunde andauerten – aber das Kind kam nicht zur Welt. Am Montag darauf erhielt sie eine Spritze, worauf die Wehen aussetzten. Das Gesamtbild verschlechterte sich, und man brachte sie in größter Eile in den Operationssaal. Bevor sie eine Vollnarkose bekam, hörte sie die Ärzte noch miteinander sprechen, und einer sagte: »Sie stirbt ...« Die Lage war sehr ernst, das war ihr klar. Dann sah sie ein helles, warmes Licht und sich selbst von oben, denn sie schwebte unter der Zimmerdecke.

Sie beobachtete, wie ihr Kind vom Bauch her aus der Gebärmutter geholt wurde, wie jemand es in die Arme nahm und mit ihm aus dem OP-Saal ging. In diesem Moment, so beschrieb sie, wurde plötzlich alles schwarz, als ob jemand einen Schalter ausgeknipst hätte. Nachdem sie später aus der Narkose aufgewacht war, sprach sie mit den Ärzten darüber. Der Chefarzt bestätigte ihr, dass sie für kurze Zeit klinisch tot gewesen war und durch Elektroschocks wieder ins Leben geholt wurde.

Aus dieser Erfahrung, bei der Geburt und Tod so nahe beieinanderlagen, hat Barbara bis heute vor allem eines mitgenommen – sie hat keine Angst mehr vor dem Sterben: »Es ist alles so friedlich gewesen«, sagte sie mir.

Über außerkörperliche Wahrnehmungen berichten auch Menschen, die Meditationstechniken beherrschen[84] – diese Out-of-Body-Erfahrungen (OBE) können sogar »auf Knopfdruck« hervorgerufen werden, zum Beispiel durch direkte elektrische Stimulierung bestimmter Gehirnareale während einer Operation. Dies erlebte beispielsweise eine 43-jährige Epilepsie-Patientin in der Schweiz; ihr Fall ist in *Nature* nachzulesen.[85]

Bei einigen wenigen Patienten wurde eine OBE auch durch direkte Stimulation der temporoparietalen Übergangsregion zwischen Parietallappen und Temporallappen (TPJ = temporoparietal junction) ausgelöst. So wurde vor wenigen Jahren auf *ScienceDirect* über eine Wachkraniotomie zur Tumorentfernung aus den Niederlanden Folgendes berichtet: »*Während der Operation induzierte die Stimulation der subkortikalen weißen Substanz in der linken TPJ **wiederholt OBEs, bei denen die Patientin das Gefühl hatte, über dem Operationstisch zu schweben und auf sich selbst herabzusehen.***«[86] (Hervorhebung durch die Autorin)

In einem interessanten Kommentar dazu in *Frontiers in Human Neuroscience* stellten Wissenschaftler der Universität Aix–Marseille fest, dass während einer Wachkraniotomie bislang nur fünf solcher Fälle dokumentiert wurden, obwohl die temporoparietale Übergangsregion (TPJ) bei zahlreichen dieser Operationen stimuliert werde. *»Aber warum berichteten diese fünf Patienten von OBEs, aber nicht die anderen Patienten, die ebenfalls an der TPJ stimuliert wurden? Gehören sie zu einer OBE-anfälligen Subpopulation? Diese Fragen sind nicht aufgegriffen worden. [...] Interessanterweise sind OBEs auch ein* übliches *Merkmal von Nahtoderfahrungen.«* [87]

Dem Kommentar ist weiter zu entnehmen, dass viele neurologische, aber auch psychische Aspekte vermutlich erhellt werden könnten, würde sich die Wissenschaft intensiver für diese rätselhaften Phänomene interessieren.[88]

Zahlreiche Wissenschaftler haben dies in den letzten Jahrzehnten versucht, wurden aber sehr oft dafür kritisiert und ins Abseits geschoben. Einige erreichten trotzdem einen gewissen Bekanntheitsgrad – so beispielsweise Professor Andrew Newberg, ein anerkannter Hirnforscher, der sich mit mehreren Büchern über Gott und das Gehirn international einen Namen gemacht hat und als Pionier der Neurotheologie-Forschung gilt.

Die Frage, ob es im Gehirn Areale gibt, die sich aktivieren, wenn wir an Gott oder an ein universelles Prinzip denken, also wenn wir Spiritualität empfinden, kann bereits bejaht werden.[89]

Erst kürzlich (Juni 2021) stellte eine Studie des Brigham and Women's Hospital der Harvard Medical School in Boston fest, dass Religiosität und Spiritualität mit einer eher alten Gehirnstruktur zusammenhängen, dem sogenannten Periaquäduktalen Grau (PAG). Es handelt sich dabei um eine Manschette grauer Hirnsubstanz, die mit zahlreichen und sehr unterschiedlichen Funktionen in Verbindung gebracht wird, wie zum Beispiel Angst, Schmerzempfindung, Altruismus und bedingungslose Liebe. Die Forscher waren überrascht, als sie herausfanden, dass diese evolutionär ältere Struktur mit dem Empfinden von Religiosität und/oder Spiritualität in Zusammenhang steht: »*Unsere Ergebnisse deuten darauf hin, dass Spiritualität und Religiosität in einer grundlegenden neurobiologischen Dynamik verwurzelt und tief in unser neurologisches Gefüge eingewoben sind*«,[90] so der leitende Studienautor Michael Ferguson.

Damit hat die Neurowissenschaft aber noch nicht geklärt, ob es Gott oder ein universelles Prinzip tatsächlich gibt, denn wie Professor Newberg auf seiner Website ausführt, »*zeigt unsere Forschung, dass unser einziger Weg, Gott zu begreifen, Fragen über Gott zu stellen und Gott zu erfahren, über das Gehirn führt. Aber ob Gott ›da draußen‹ existiert oder nicht, ist etwas, das die Neurowissenschaft nicht beantworten kann.*«[91] (Hervorhebung durch die Autorin)

Die Hauptfragen aber bleiben: Sind diese extremen Erfahrungsmöglichkeiten (Out-of-Body, Zeitstillstand etc.) bei manchen Menschen im Gehirn bereits genetisch verankert und werden durch Hypnose, direkte Stimulierung oder im Moment eines Herzinfarkts einfach nur ausgelöst? Und wie viele Areale oder Gehirnregionen sind bei einigen Menschen dafür bereits im Vorfeld neuronal angelegt? Und die 1-Million-Euro-Frage: Falls ja – wozu?

Da das Gehirn unsere Realität auf höchst komplexe Art verarbeitet und sie teilweise »selbst« konstruiert,[92] sollte man statt von *Wahrnehmung* eher von *Wahrgebung* sprechen, wie der Psychiater Gunther Schmidt betont. Auch Professor Newberg vertritt diese Ansicht: »*Religiöse und spirituelle Erfahrungen sind typischerweise sehr komplex und beinhalten Emotionen, Gedanken, Empfindungen und Verhaltensweisen. Diese Erfahrungen scheinen viel zu reichhaltig und vielfältig zu sein, als dass sie nur von **einem** Teil des Gehirns herrühren könnten. Es ist viel wahrscheinlicher, dass **viele** Teile des Gehirns daran beteiligt sind. Außerdem können sehr unterschiedliche Muster der Hirnaktivität auftreten, je nachdem, welche Erfahrung die Person gerade macht. Zum Beispiel könnte eine Nahtoderfahrung zu anderen Aktivitätsmustern führen als bei einer Person, die meditiert. Solche Beweise deuten darauf hin, dass mehr als ein einzelnes ›Gottesmodul‹ am Werk ist – dass tatsächlich eine Reihe von Strukturen im Gehirn zusammenarbeiten, um uns zu helfen, Spiritualität und Religion zu erleben.*«[93] (Hervorhebungen durch die Autorin)

In unserem Gehirn gibt es also Areale, die auf Hypnose reagieren – und es besitzt Stellen, die bei Stimulierung eine Out-of-Body-Erfahrung auslösen, die einer Nahtoderfahrung gleicht. Was mag es da wohl noch alles geben? Wie viele Erfahrungsmöglichkeiten sind in unserem Gehirn bereits **vorcodiert?**

Präkognition – Wissen über zukünftige Ereignisse

Zu den weiteren außerordentlichen Erlebnissen, die Menschen erfahren können, zählen auch solche, die mit Präkognition zu tun haben – also mit der Fähigkeit, ein Ereignis bewusst zu empfinden, noch bevor es eintritt –, mit anderen Worten: Zukünftiges im Voraus zu »sehen«.

Eine der bekanntesten Neurowissenschaftlerinnen, die sich mit diesem Phänomen beschäftigt, ist die in Kalifornien tätige Julia Mossbridge, Autorin des Buches *Der Zukunftscode: Wie die Neurowissenschaft Vorhersagen erklären kann*.

Ich hatte die Gelegenheit, mit ihr über die Erfahrung einer Freundin von mir zu sprechen. Am Mittwoch, den 4. Juli 2018 hatte sie den ganzen Tag über ein seltsames Gefühl, als ob sie »vom Tod umzingelt« wäre. Es verblüffte sie, denn sie war mitten in der Arbeit und amüsierte sich mit den Kollegen, während draußen die Sonne schien – alles lief bestens.

Am nächsten Tag verspürte sie diese diffuse Todespräsenz immer noch – unterschwellig war sie stets präsent. Ihr Bruder rief sie an, und sie sprachen über einige erfreuliche Dinge, aber das Todesgefühl begleitete sie weiterhin. Im Laufe des Abends begann sie, sich Sorgen zu machen, und dachte, dass diese bedrohliche Empfindung vielleicht ein Zeichen dafür war, dass mit ihrer Gesundheit etwas nicht stimmte und sie sich vom Arzt untersuchen lassen sollte.

Auch am nächsten Tag war sie wie immer unterwegs, aber »der Tod« wich ihr nicht von der Seite. Obwohl sie sich psychisch insgesamt gut fühlte, belastete sie dieses unheimliche Gefühl, bis sie nach einem anstrengenden Arbeitstag abends einschlief. Am nächsten Tag – es war der 7. Juli 2018 – bekam sie um 6 Uhr früh einen Anruf: Ihr jüngerer Bruder, mit dem sie noch zwei Tage zuvor gesprochen hatte, war plötzlich und unerwartet verstorben.

Julia Mossbridge hörte der Geschichte aufmerksam zu und bemerkte dann lapidar: »*Von ähnlichen Formen der Präkognition gibt es Abertausende von Beispielen.*«

Ich sprach sie auf die Studie an, die sie als Neurowissenschaftlerin zusammen mit Kollegen der Universität Padua und der Cornell University 2014 zum Thema »Präkognition« veröffentlicht hatte, und sie meinte, dass man, wenn man nur wolle, **sehr wohl auch solche Phänomene strikt wissenschaftlich erfassen könne.**

In ihrer Studie »*Das Unvorhersehbare vorhersagen: Kritische Analyse und praktische Implikationen der vorausschauenden Antizipation*«[94] geht es nicht so sehr um die bewusst wahrgenommene Präkognition, sondern um die untrüglichen biologischen, messbaren Signale (z. B. erhöhter Herzschlag, Pupillenerweiterung) des Körpers, wenn dieser ein unbekanntes Ereignis antizipiert, also vorausahnt.

»*Der menschliche Körper kann offenbar willkürlich zugeführte Reize erkennen, die 1–10 Sekunden in der Zukunft liegen (Mossbridge et al., 2012). Die Schlüsselbeobachtung in diesen Studien ist, dass die menschliche*

Physiologie in der Lage zu sein scheint, zwischen zwei unvorhersehbaren zukünftigen Reizen zu unterscheiden, wie z. B. emotionale vs. neutrale Bilder oder Geräusche vs. Stille. Dieses Phänomen wird als Vorahnung bezeichnet (wie bei ›die Zukunft erspüren‹). In dieser Arbeit nennen wir das Prädiktive Antizipatorische Aktivität (PAA). Das Phänomen ist ›prädiktiv‹, weil es zwischen kommenden Reizen unterscheiden kann; es ist ›antizipatorisch‹, weil die physiologischen Veränderungen vor einem zukünftigen Ereignis auftreten; und es ist eine ›Aktivität‹, weil es mit Veränderungen im kardiopulmonalen, Haut- und/oder Nervensystem einhergeht. PAA ist ein unbewusstes Phänomen, das eine zeitlich umgekehrte Reflexion der üblichen physiologischen Reaktion auf einen Stimulus zu sein scheint. Es scheint der Präkognition zu ähneln (bewusstes Wissen darüber, dass etwas geschehen wird, bevor es eintritt), aber PAA bezieht sich speziell auf unbewusste physiologische Reaktionen im Gegensatz zu bewussten Vorahnungen.«[95] (Hervorhebungen durch die Autorin)

Es gibt sie also doch: Wissenschaftler, die sich mit besonderen Phänomenen (die man gemeinhin allzu schnell als »irrational« oder »paranormal« abtut) in streng wissenschaftlicher Form befassen.

Die terminale Geistesklarheit

Eines der erstaunlichsten Phänomene, die unbedingt einer wissenschaftlichen Klärung bedürfen, ist die sogenannte *terminal lucidity*, die terminale Geistesklarheit, die bei psychisch kranken Menschen und insbesondere bei Demenz-Patienten kurz vor ihrem Tod zu beobachten ist.

Der *Scientific American* widmete diesem Phänomen 2014 einen weitreichenden Artikel von Jesse Bering, Professor für Wissenschaftskommunikation an der Universität Otago (Neuseeland) und nach eigenen Worten ein hartgesottener radikaler Rationalist ... bis zum Tod seiner Mutter, die er bis zum Schluss begleitete. Sie lag im Hospiz im **irreversiblen Koma,** und er rechnete damit, nicht mehr mit ihr kommunizieren zu können. Doch dann erwachte sie, und in den letzten fünf Minuten, die dem Tod vorausgingen, erlebte er ihre plötzliche Luzidität. Es lohnt sich, die auszugsweise Übersetzung des Artikels zu lesen: »*Schauen wir uns das besagte Phänomen einmal genauer an. Der Begriff wurde erst vor fünf Jahren von dem deutschen Biologen Michael Nahm geprägt. [...] Und so definiert Nahm ›terminal lucidity‹ in seinem ursprünglichen Artikel: ›Das (Wieder-)Auftauchen normaler oder ungewöhnlich gesteigerter geistiger Fähigkeiten bei abgestumpften, bewusstlosen oder psychisch kranken Patienten kurz vor dem Tod, einschließlich erhebliche Stimmungsaufhellung und spirituelle Affektiertheit bzw. die Fähigkeit, in einer bisher ungewohnten vergeistigten und beschwingten Weise zu sprechen.‹ [...]*

In einer Studie gaben 70 Prozent der Pfleger in einem britischen Pflegeheim an, dass sie persönlich beobachtet haben, wie Menschen mit Demenz kurz vor ihrem Tod luzide wurden. [...] Eine 92-jährige Frau mit fortgeschrittener Alzheimer-Erkrankung hatte beispielsweise ihre Familie jahrelang nicht wiedererkannt, aber am Tag vor ihrem

Tod führte sie ein angenehm heiteres Gespräch mit ihnen und erinnerte sich an den Namen von jedem. Sie war sich sogar ihres eigenen Alters bewusst und wusste, wo sie die ganze Zeit gelebt hatte. ›Solche Vorfälle kommen regelmäßig vor‹, schreiben Nahm und Greyson. [Greyson ist Neurowissenschaftler und Psychiater]

*Doch selbst wenn Luzidität im Endstadium ein genuines Phänomen ist, wer sagt, dass es nicht eine logische wissenschaftliche Erklärung gibt – eine, die auf einer noch unbekannten Gehirnphysiologie beruht? Nahm und Greyson schließen diese Möglichkeit nicht völlig aus, aber bei offensichtlichen Hirnschäden (wie Schlaganfälle, Tumore, fortgeschrittene Alzheimer-Krankheit), die den Patienten in einen fast vegetativen Zustand versetzen und nicht mehr normal funktionieren lassen, **bleibt es ein echtes medizinisches Rätsel.** [...] Dies lässt für sie die Möglichkeit offen, **dass es sich um etwas spirituell Bedeutsames handelt,** wobei sich das ›transzendentale Subjekt‹ (d. h. die Seele) in Todesnähe vom physischen Substrat des Gehirns löst und in der Lage ist, ›normalerweise verborgene Bereiche‹ zu betreten.*

Ich bleibe skeptisch. Dennoch weiß ich wirklich nicht, wie meine Mutter diese fünf Minuten perfekter Kommunikation mit mir geschafft hat, obwohl alle ihre kognitiven Funktionen bereits verloren gegangen waren. War es ihre unsterbliche Seele? *Ein letztes Feuerwerk in ihrem sterbenden Gehirn? Ehrlich gesagt, bin ich einfach froh, dass ich dabei war.«*[96] (Hervorhebungen durch die Autorin)

Diese außergewöhnlichen menschlichen Erfahrungen könnten auch viel über die letzten Tage oder Stunden eines Menschen sagen und dem Krankenhauspersonal helfen, sich darauf einzustellen, zumindest laut einer Studie von Forschern aus Korea und Kanada: »*Die terminale Luzidität (Geistesklarheit) ist eine unvorhersehbare Erfahrung am Lebensende, die unschätzbare Auswirkungen auf die Vorbereitung auf den Tod hat. Wir haben die terminale Luzidität in einem Universitätslehrkrankenhaus retrospektiv ausgewertet. [...] Es sollte mehr Aufmerksamkeit auf das Verständnis der terminalen Luzidität gerichtet werden, um die Pflege am Lebensende sinnvoll zu verbessern.*«[97]

In den USA haben zahlreiche Wissenschaftler die Pionierarbeit des deutschen Biologen Michael Nahm verstanden und lassen derzeit vom NIA (National Institute of Aging) unter dem Namen »paradoxical lucidity«, also »paradoxe Luzidität«, sechs Studien über die finale Geistesklarheit finanzieren. Obwohl diese Fälle nicht massiv auftreten – es gibt sie,[98] und sie bedürfen einer wissenschaftlichen Klärung. Der *Guardian* brachte Anfang 2021 einen langen Bericht darüber, wonach die terminale Geistesklarheit bei dementen Patienten wohl auch mit ihrem untrüglichen Bewusstsein einhergeht, dass sie bald sterben werden.[99]

Dr. Sam Parnia, ein bekannter britischer Mediziner, der seit Jahren in den USA als Dozent tätig ist, wird eine der oben erwähnten sechs Studien des NIA leiten: »*Wenn Sie mit Hospizschwestern und Palliativmedizinern sprechen, wissen sie alle davon [...] Aber niemand hat es jemals richtig untersucht, weil keiner je gedacht hat, dass es jemand ernst genug nehmen würde. Ich wollte also dazu beitragen, dieses Thema in den wissenschaftlichen Bereich zu bringen.«*[100]

Das Thema »marginalisierte Wissenschaftsforschung« ist Dr. Parnia gut bekannt, hatte er doch jahrelang darum kämpfen müssen, Nahtoderfahrungen[101] als ernst zu nehmendes Forschungsobjekt anerkennen zu lassen, wobei er sich immer wieder gegen radikal-materialistische Kritiken seiner Studien verteidigen musste.[102]

Gibt es ein Gedächtnis außerhalb des Gehirns?

Zahlreiche Menschen, die ein fremdes Organ erhalten haben, berichten von außergewöhnlichen Erfahrungen – insbesondere jene, die dank eines transplantierten Herzens weiterleben durften. Auf der Website der Universität Melbourne werden einige solcher Fälle geschildert: *»Im Jahr 2006 unterzog sich ein 63-jähriger Mann mit eher begrenzten künstlerischen Fähigkeiten einer Herztransplantation. Nach der Operation stellte der Mann erstaunt fest, dass sich sein künstlerisches Können dramatisch verbessert hatte. Auch die Krankenschwestern im Krankenhaus waren über sein neues Talent erstaunt. Erst als der Mann herausfand, wer der Organspender gewesen war, begann diese wundersame Veränderung einen Sinn zu ergeben: Der Organspender war ein begnadeter Künstler gewesen.*

*Ist es möglich, dass der Spender seine Begabung **über das Herz an den Empfänger weitergegeben** hatte? Eigentlich scheint so etwas unmöglich zu sein, denn wie können* *solche Informationen außerhalb des Gehirns gespeichert werden? Die Theorie des zellulären Gedächtnisses könnte das erklären!«* [103]

Wissenschaftler versuchen, sich das folgendermaßen zu erklären: Vermutlich ist nicht nur das Gehirn für unser Gedächtnis zuständig, sondern selbst einzelne Zellen und somit auch Organe »erinnern sich« z.B. an unsere Vorlieben. Zu diesen und ähnlichen Fällen gibt es eine große Zahl von anekdotischen Berichten, aber leider nur sehr wenige streng wissenschaftliche Studien.

Eine davon, die Interviews mit zehn Transplantierten umfasste, stellte fest, dass die Organempfänger plötzlich mehrere neue Eigenschaften aufwiesen, die eindeutig mit denen der Spender korrelierten: *»Zu den Parallelitäten gehörten Veränderungen im Hinblick auf Ernährungsweise, Musik, Kunst, Sexualität, Freizeitgestaltung und Beruf sowie Erinnerung an Namen und sensorische Erfahrungen, die im Zusammenhang mit den Spendern standen (z.B. war ein Spender durch einen Schuss ins Gesicht getötet worden, und der Empfänger träumte von rötlichen Lichtblitzen in seinem Gesicht).«*[104]

Auch hier wären weitere Untersuchungen sicherlich lohnend.

Hypothesen über das Bewusstsein

Die vielfältigen hier dargelegten Phänomene könnten Anlass sein, die Erforschung des menschlichen Bewusstseins aus einer anderen Perspektive anzugehen und entsprechende Forschungsprotokolle zu erarbeiten, denn bislang hat man im menschlichen Gehirn weder ein physiologisches Korrelat für unser Bewusstsein gefunden noch wurde die These bestätigt, dass dieses Bewusstsein aufgrund von Quanteneffekten im neuronalen Netzwerk zustande kommt.[105]

Sich also Fragen zu stellen, selbst wenn diese auf den ersten Blick abstrus und lächerlich erscheinen mögen, könnte die Wissenschaft auf diesem hochkomplexen Gebiet weiterbringen, denn wie erwähnt war schon Nikola Tesla der Auffassung, dass es »*an dem Tag, an dem die Wissenschaft beginnt, die nicht-physischen Phänomene zu studieren, in einem Jahrzehnt mehr Fortschritte geben [werde] als in allen vergangenen Jahrhunderten ihrer Existenz.*«[106]

Sollten wir also unbestreitbare Phänomene wie Nahtoderfahrungen und terminale Geistesklarheit nicht endlich wissenschaftlich angehen – nicht nur aus medizinischen Gründen, sondern auch, weil sie uns etwas über unser Bewusstsein verraten könnten? Das Gleiche gilt für Studien über Menschen mit präkognitiven Fähigkeiten oder über Transplantierte, die charakterliche Eigenschaften ihrer ihnen unbekannten (!) Spender übernehmen.

Unter berühmten Neurowissenschaftlern, aber auch unter vielen namhaften Physikern und Philosophen wird über die unterschiedlichsten Thesen zu unserem Bewusstsein heftig debattiert. Manche ihrer Ideen lassen uns aufhorchen.

So hat beispielsweise der emeritierte Professor Paul L. Nunez (Tulane University) die Hypothese aufgestellt, **dass das Bewusstsein nicht im Gehirn entsteht, sondern** außerhalb desselben existieren kann, sozusagen in dem uns umgebenden Raum. Seine These besagt, dass das Gehirn ähnlich wie das Auge funktioniert. Der Vergleich besteht darin, dass wir mit unseren Augen externe Lichtwellen[107] empfangen und diese dann in Form von neuronalen Impulsen an das Gehirn weiterleiten. Ähnlich wie die Augen hierbei als Empfangsorgane fungieren, so Nunez, könnte auch das Gehirn ein Organ sein, das wie eine Radioantenne das in einem uns noch unbekannten »Informationsfeld« existierende Bewusstsein »empfängt«.[108]

Eine wahrhaft absonderliche Idee ... aber andererseits: »*Wenn du die Geheimnisse des Universums finden willst, denke in Begriffen wie Energie, Frequenz und Vibration*« – so Nikola Tesla.[109]

Das Gehirn als eine Art Antenne, das ein im Universum (einem Informationsfeld) vorhandenes Bewusstsein mit all seiner Energie, Frequenz und Vibration empfängt – was für eine erhabene Vorstellung! Würde man diese hochgradig spekulative Idee von unserem Gehirn als Empfangsantenne einigen wissenschaftlichen Forschungsbereichen als Hypothese zugrunde legen, könnten diese womöglich eine Erklärung für Phänomene wie Nahtoderfahrungen, OBEs, terminale Luzidität oder Präkognition liefern, für die momentan wissenschaftlich noch keine biologischen Ursachen festzumachen sind. Mit ähnlichen wissenschaftlichen Spekulationen wie denen von Professor Paul Nunez (und auch von Nikola Tesla) befasste sich auch Rupert Sheldrake. Er ist ebenfalls der Auffassung, dass sich unser Bewusstsein, unser Geist *(mind),* nicht nur im Gehirn, sondern in Form von

»Feldern« auch außerhalb der neuronalen Masse befindet. Dies hat er anhand wissenschaftlicher Thesen mehrmals erklärt,[110] die allerdings nicht »zerebrozentrisch« formuliert sind.[111]

Sollte sich das Bewusstsein tatsächlich in einem uns umgebenden äußeren Informationsfeld befinden, ließen sich Erfahrungen wie das Schweben über dem eigenen Körper und das »Sich-selbst-von-oben-Sehen« vielleicht eines Tages erklären. In Anbetracht des Todes und der damit einhergehenden Gehirnveränderungen hätten wir dann endlich Zugang zu einer Dimension, die uns in unserer Alltäglichkeit verwehrt bleibt (weil sie uns nichts bringt, sondern nur destabilisieren würde).

Die Tatsache, dass sich solch außergewöhnliche Erfahrungen während einer Operation durch einen elektrischen Impuls im Gehirn triggern lassen, würde Nunez' These nicht entgegenstehen, sondern sie eigentlich bestätigen – wenn man davon ausgeht, man hätte während der OP eben gerade diejenige Stelle im Gehirn »angepikst«, die für den Antennenempfang dieser Erfahrung zuständig ist.

Was wir bereits wissen, ist jedenfalls, dass unser Gehirn tatsächlich ähnlich wie ein Radioempfänger arbeitet: Schon 2009 haben Forscher der Norwegian University of Science and Technology in einer wissenschaftlichen Studie festgestellt, dass unsere Gehirnzellen eine Vorliebe für unterschiedliche Wellenlängen haben, das heißt auf unterschiedliche Wellenlängen reagieren, so als ob unser Gehirn über mehrere Rundfunkstationen verfüge. Die

Erstautorin dieser Studie, Laura Colgin, erklärte dazu: *»Was wir gefunden haben, könnte man als ein rundfunkähnliches System im Innern des Gehirns beschreiben. Die niedrigeren Frequenzen dienen der Übermittlung von Erinnerungen an vergangene Erfahrungen, während die höheren Frequenzen verwendet werden, um zu vermitteln, was dort passiert, wo man sich gerade befindet.«*[112] Um zu kommunizieren, müssen die Neuronen aber in die gleiche Schwingung kommen, also ihre Wellenlängen synchronisieren. Aber wie machen sie das?

In einem Artikel des *Science Daily* (2014) mit dem Titel *»Brain works like a radio receiver«* (*»Gehirn funktioniert wie ein Radioempfänger«*) wird über eine Studie der Radboud University in Nijmegen (Niederlande) berichtet: Dort hatten Experimente mit Mäusen gezeigt, dass das Gehirn eine Art Abstimmknopf besitzen muss, mit dem es die unterschiedlichen Frequenzen der Nervenzellen regelt und, wenn nötig, Neuronen aus verschiedenen Bereichen in die gleiche Schwingung bringt.[113]

Auch wenn das Gehirn – was inzwischen wissenschaftlich nachgewiesen ist – wie eine Art Radioempfänger funktioniert, bedeutet dies allerdings nicht, dass die These von einem externen Bewusstsein und dem Gehirn als dessen Empfangsantenne damit bewiesen worden wäre.

Andererseits – wie lassen sich besondere Phänomene wie terminale Geistesklarheit, Nahtoderfahrungen und insbesondere die Präkognition ohne ein externes Bewusstsein erklären? Könnte es nicht doch sein, dass das Gehirn wie eine Antenne auch die Zukunft »empfängt«?

Was Letzteres anbelangt, sei erwähnt, dass in der Physik in den letzten Jahren zunehmend die sogenannte Retrokausalität zum Thema geworden ist. Was versteht man darunter, und wie hängt sie mit der Präkognition zusammen?

Retrokausalität ist, wenn **die Zukunft** das Geschehen im Hier und Jetzt beeinflusst und determiniert.[114] Einige Physiker gehen davon aus, dass unter bestimmten Voraussetzungen diese eigentlich jeglicher Ratio widersprechende Möglichkeit durchaus bestehen könnte (denn damit ließen sich auch einige spezielle Beobachtungen im Bereich der Quantenphysik erklären[115]).

Könnte es angesichts der möglichen Existenz von Retrokausalität also sein, dass einige Menschen die Fähigkeit besitzen, die Zukunft sinnlich wahrzunehmen – ähnlich wie jene, die ihren eigenen Tod oder den eines nahen Verwandten im Voraus »spüren«?

Bislang gibt es allerdings nur wenige couragierte Forscher, die sich diesen »irrationalen« Themen widmen. Eine davon ist die bereits erwähnte Neurowissenschaftlerin Julia Mossbridge. Sie hat vor einigen Jahren auf einer Konferenz des American Institute of Physics (Fachorganisation der Physiker) ein wissenschaftliches Modell zur Untersuchung der *»Natur von retrokausalen Effekten in Biologie und Psychologie«* vorgestellt: *»Mehrere Forschungslabore haben über physiologische und psychologische Veränderungen* [beim Menschen] *berichtet, die mit zukünftigen Ereignissen in Verbindung stehen und mit den normalen Sinnesorganen nicht vorhersehbar sein sollen. Solche Phänomene scheinen Beispiele für Retrokausalität* *auf der makroskopischen Ebene zu sein. Hier werde ich die Charakteristika von scheinbar retrokausalen Effekten in der Biologie und der Psychologie diskutieren, wobei ich speziell eine biologische und eine psychologische Form der Präkognition, die prädiktive antizipatorische Aktivität (PAA) und die implizite Präkognition untersuche.*«[116]

Nach Jahrzehnten einer absolut engstirnigen materialistischen Betrachtungsweise in der Wissenschaft, die uns teilweise auch auf den Holzweg geführt hat (siehe *Die hypnotisierte Gesellschaft*, Kapitel 4 über Darwin), haben zahlreiche Wissenschaftler endlich die Augen geöffnet und nehmen sich mutig auch solcher Phänomene an, die nicht in dieses von niederer Vernunft geprägte Weltbild passen. Nur so können wir echten Fortschritt erreichen und den nächsten menschlichen Evolutionsschritt angehen (wie weiter unten dargelegt).

Sollte jemand der Auffassung sein, dass uns Retrokausalität und Präkognition die theoretische Möglichkeit vor Augen führen, dass dabei irgendwie ein Determinismus mit im Spiel ist, könnte er damit durchaus recht haben: Nicht wenige Forscher gehen nämlich zurzeit davon aus, dass das Universum als Ganzes vorbestimmt (determiniert) ist – Stichwort Superdeterminismus.[117] Vielen Physikern gefällt diese Vorstellung allerdings ganz und gar nicht, da der freie Wille dann nicht mehr existent wäre.

Fehlt uns der freie Wille?

Wie können wir aber von freiem Willen sprechen, wenn uns schon unser Gehirn teilweise vorgibt, was wir sehen?

Zehn Prozent der Neuronen sind für die visuelle »Datenverarbeitung« zuständig und dienen dazu, die über die Augen aufgenommenen Informationen zu verarbeiten, um unserem Bewusstsein ein entsprechend aufbereitetes Bild zukommen zu lassen. Aus diesem Grund spricht Psychiater Gunther Schmidt, Spezialist für die Ericksonsche Hypnotherapie, wie bereits erwähnt nicht von Wahrnehmung, sondern von **Wahrgebung**[118], das heißt, unser Gehirn entscheidet, wie »wir« Informationen vermittelt bekommen. Können wir da noch von freiem Willen sprechen?

Vor Jahren hielt ich während einer Tagung an der Universität Foggia einen Vortrag zu diesem Thema und legte ernsthafte Zweifel an der Existenz des freien Willens dar. Hier ein kurzer Auszug: *»In einer Szene aus dem Kultfilm Matrix bietet Morpheus der Hauptfigur Neo zwei Pillen an: eine blaue und eine rote. Neo wird vor die Wahl gestellt: Nimmt er die blaue, bleibt er in der Welt des sinnlichen Scheins; nimmt er die rote, hat er die Möglichkeit, die Wahrheit zu erkennen – also das, was hinter den menschlichen Empfindungen und den daraus abgeleiteten Dogmen verborgen ist. Aber wie im Film ist die Wahrheit manchmal komplex und alles andere als angenehm.*

Die Menschen glauben, dass sie Herr über ihre eigenen Entscheidungen sind, dass sie bewusst wählen, was sie essen wollen, wie sie sich kleiden, woran sie glauben, welche Lebenswege sie einschlagen. Aber ist das wirklich so? Oder ist es möglich, dass die Menschen Gefangene ihres eigenen Geistes sind, wie die Figuren in Matrix behaupten, und dass der freie Wille lediglich eine Illusion ist? Stephen

Hawking schrieb dazu: ›... Es ist schwer vorstellbar, wie der freie Wille funktionieren kann, wenn unser Verhalten durch die Gesetze der Physik bestimmt wird, und so scheint es, dass wir nichts anderes als biologische Maschinen sind und der freie Wille nur eine Illusion ist.‹

Hawkings Worte versetzen uns in medias res. In den letzten 30 Jahren haben die Ergebnisse der neurowissenschaftlichen Forschung dazu geführt, dass die meisten Experten öffentlich anerkennen: Es gibt keinen freien Willen. Die berühmtesten Neurowissenschaftler, darunter Wolf Singer vom Max-Planck-Institut und Gerhard Roth, Professor an der Universität Bremen, aber auch David Eagleman vom Baylor College in Houston, der Autor Sam Harris und zahlreiche weitere Physiker wie der bereits erwähnte Stephen Hawking sind sich einig, dass die Ergebnisse der Neurowissenschaft in ihrer Gesamtheit einen unwiderlegbaren Beweis dafür darstellen, dass der freie Wille eine Illusion ist, ein bloßer Eindruck, der dem Genom dient.«[119]

Sosehr ich also vor Jahren davon überzeugt war, dass es keinen freien Willen gibt, so sicher weiß ich heute, dass dem nicht so ist, denn der Zugang zum freien Willen ist uns allen gegeben. Es ist ein schmaler Zugang. Er eröffnet sich durch die Praktiken, die uns die buddhistische Philosophie bietet – und in der spirituellen Vernunft.

TEIL 3
DIE PRAKTIKEN DES BUDDHISMUS UND DIE SPIRITUELLE VERNUNFT

Die Frage, die sich eigentlich jeder stellen sollte, ist: Wie will ich leben? Soll ich mich nach den Maßgaben der Gesellschaft richten? Oder möchte ich mich den Idealen und Zielen einer bestimmten Gruppe angleichen? Oder will ich doch lieber anderen Kriterien folgen, die mir ein glücklicheres Leben bieten? Diego Fusaro, ein in Italien sehr bekannter Philosoph, wird nicht müde zu wiederholen, dass wir aktuell in einer kapitalistischen, »deethisierten« Gesellschaft leben. Sie hat die Ethik aus dem Leben verbannt und die Menschen »atomisiert« – was zu extremen Formen des Individualismus und des Konkurrenzverhaltens geführt hat (jeder für sich und alle gegen jeden) sowie zu einem »*politisch korrekten, aber ethisch korrupten gesellschaftlichem Grundgedanken.*«[120]

Aber wollen wir **tatsächlich** weiter mit dieser Misshandlung unseres eigentlichen Menschseins und Miteinanders leben, die einer universellen Schuld gleichkommt? Wollen wir wirklich alles Spirituelle (das letztlich Gemeinschaftlichkeit und Solidarität bedeutet) aus unserem Leben verbannen und ausblenden?

Die kulturell wichtigsten Ideen, oft eine Leistung deutscher Denker (Kant, Hegel), die das Fundament einer funktionierenden Gesellschaft dank ihrer höheren Vernunft in der Ethik sahen,[121] wurden durch das kapitalistische Gedankengut ersetzt – und zwar aus der primitiven Welt der Banker, Finanzmanager und Wirtschaftsführer, die Zahlen und Gewinnmaximierung zur Priorität erhoben haben, was schließlich zu einer »deethisierten« Gesellschaft geführt hat.

Es darf aber doch nicht sein, dass unser Ich hauptsächlich um Gewinnmaximierung und Konkurrenzdenken kreist! Dieser primitive Zustand muss sich ändern – und diese Veränderung sollte bei jedem Einzelnen von uns beginnen: durch Anwendung des freien Willens. Dieser ist allerdings nur gegeben, wenn wir unsere biologische Trägheit überwinden und beispielsweise die buddhistische Form der Achtsamkeit (engl.: Mindfulness-Meditation) praktizieren, um Zufriedenheit und unser inneres Gleichgewicht zurückzuerlangen. Das Ziel ist hier nicht, dass wir alle zu Buddhisten mutieren, sondern es geht darum, von anderen Menschen und Kulturen jahrhundertelang bewährte Praktiken zu erlernen, die es uns erlauben, eine höhere Vernunft zu entwickeln und glücklicher zu werden.

»Achtsamkeit« ist inzwischen zu einem geläufigen und oft strapazierten Begriff geworden, der teilweise auch missverständlich erläutert wird. Häufig entspricht Achtsamkeit nicht unbedingt dem, wofür der Begriff ursprünglich tatsächlich steht: »*Im frühen Buddhismus, in dem die Achtsamkeit das erste Mal explizit auftaucht, **ist*** *die Motivation auf spirituelles Wachstum und Selbsttransformation gerichtet. In unserer modernen westlichen Gesellschaft finden sich neben den spirituellen auch säkulare Motive. Achtsamkeit wird in den unterschiedlichsten Feldern mit den unterschiedlichsten Ausgangsmotivationen praktiziert.*«[122] (Hervorhebung durch die Autorin)

Eine falsche oder nicht konforme Auslegung der buddhistischen Mindfulness-Praktik kann sogar entgegengesetzte Resultate bewirken, wie Simon Schindler, Professor für Sozialpsychologie an der TU Dresden, vor Kurzem im *Spiegel* ausführte: »*Es gibt aktuelle Studien, die zeigen, dass manche Menschen nach selbstständigen Achtsamkeitsübungen etwa weniger bereit waren, Geld zu spenden. Dieses Zentrieren auf den eigenen Kosmos, auf das Ich, das ist kritikwürdig.*«[123]

Spirituelles Wachstum hat nichts, aber auch gar nichts mit dem Aufplustern und Hätscheln des Egos oder mit der ständigen Überbetonung der eigenen Wichtigkeit zu tun.

Würde Mindfulness-Meditation heute so verstanden werden, wie es ihrem buddhistischen Ursprung entspricht, könnte uns diese uralte, fast 2500 Jahre alte Technik dabei helfen, die Gesellschaft durchgreifend ethischer zu gestalten und mental einen kultivierteren Umgang mit sich selbst und mit anderen zu erreichen. Sie würde vielen von uns die Möglichkeit eröffnen, eine höhere Vernunft walten zu lassen und diese konkret auch in sozialen Bereichen einzusetzen, damit aus Egoismus, wenn schon nicht absolute Selbstlosigkeit, so doch zumindest gefühlter und gelebter Respekt uns selbst und unseren

Mitmenschen gegenüber erwächst (wie weiter unten erläutert wird).

Die Wirkungen solcher buddhistischen Achtsamkeitsübungen haben sich im konkreten Alltag seit Jahren als vorteilhaft erwiesen, und zwar in vielerlei Aspekten des Lebens. Inzwischen mehren sich die wissenschaftlichen Nachweise, dass diese Meditationstechnik selbst bei der Bewältigung ökonomischer oder gesundheitlicher Probleme hilfreich sein kann.

Um die Vorzüge dieser Methode aufzuzeigen – die sich sichtbar in messbaren »Gehirnveränderungen« manifestiert (bestimmte Gehirnareale vergrößern sich) –, seien nachfolgend kurz einige der zahlreichen wissenschaftlichen Studien aus unterschiedlichen Fachgebieten aufgeführt.

Mindfulness-Meditation als Treiber der rationalen Entwicklung

Vor einigen Jahren konnten Wirtschaftswissenschaftler nachweisen, dass anhand dieser uralten Methode selbst bei ökonomischen Fragen bessere rationale Entscheidungen getroffen werden können: »*Eine 15-minütige Meditation mit konzentrierter Atmung kann Menschen dabei helfen, klügere Entscheidungen zu treffen, so eine neue Studie von Forschern der INSEAD und der Wharton School.*«[124] Die Daten dieser beiden Wirtschaftshochschulen wurden 2014 in der Fachzeitschrift *Psychological Science* veröffentlicht und zeigen, dass eine solche »spirituelle« Technik mentale und emotionale Probleme beheben kann, wie sie beispielsweise mit einem erlittenen Geldverlust einhergehen (z. B. das Gefühl, diesen schmerzlichen Verlust unbedingt und so schnell wie möglich wieder wettmachen zu müssen). Sich eine Viertelstunde voll und ganz auf seinen eigenen Atem zu konzentrieren vermag emotional ausgelöste Überlegungen, die rationale Entscheidungen beeinträchtigen würden, in den Hintergrund zu rücken: »*Wir fanden heraus, dass eine kurzzeitige Achtsamkeitsmeditation Menschen dazu ermutigen kann, rationalere Entscheidungen zu treffen, indem sie die im gegenwärtigen Moment verfügbaren Informationen betrachten und einige der anderen Bedenken ignorieren, die den Sunk-Cost-Bias* [Trugschluss bezüglich verlorener Kosten] *typischerweise verschärfen*«[125] – so der Studienleiter Dr. Hafenbrack.

Auch für die Arbeitswelt ist die buddhistische Lebensweisheit von fundamentaler Bedeutung (man denke nur an Mobbing oder Bossing, an sinnlose Tätigkeiten, systematische unterqualifizierte Beschäftigung oder schlichte Ausbeutung). All dies wird vom *Bellevue College* in Großbritannien in einer Analyse mit dem Titel »*Bedeutung von Arbeit für den Einzelnen*« dargelegt. Der Studienleiter Ferdinand Tablan kommt hierbei zu folgendem Schluss: »***Die Berücksichtigung des Buddhismus bei der Betrachtung von MW*** [**Meaningful Work, das heißt sinnvolle Arbeit**] *aus einer tugendethischen Perspektive führt zu einem breiteren, inklusiven und ganzheitlichen Rahmen, weil er die Integration unseres beruflichen, zwischenmenschlichen und spirituellen Lebens fordert. Der Buddhismus bietet die Möglichkeit,* *unsere Einstellung zur Arbeit zu ändern und Weisheit zu kultivieren, um Wege zu erkennen, die Arbeitsbedingungen zu verbessern und für alle Lebewesen ein **mitfühlenderes Wirtschaftssystem** zu schaffen.«*[126] (Hervorhebungen durch die Autorin)

Der Buddhismus steht hier für ein rationales Verhalten, das ethische Grundsätze in den Arbeitsalltag einbindet und aufgrund einer höheren Vernunft Entscheidungen ermöglicht, die allen Beschäftigten zugutekommen, und zwar tagtäglich (dies wäre von Hegel sicherlich begrüßt worden).

Diese ethische Vernunft wird in der Wirtschaft zwar seit Jahren vollmundig propagiert, hat in der Arbeitswelt aber *de facto* nur sehr begrenzt Einzug gehalten.[127]

Mindfulness-Meditation und Gesundheit

Über die Wechselbeziehung zwischen diesen beiden Aspekten wird seit Jahren in zahlreichen Büchern und Zeitschriftenartikeln informiert, und zuweilen drängt sich der Verdacht auf, dass auf diesem Gebiet eine Art Hype entstanden ist, welcher der Sache eigentlich nicht dienlich ist. Aus diesem Grund werde ich hauptsächlich auf wissenschaftliche Studien eingehen, bei denen keine Interessenskonflikte bestehen. Einer Forschungsarbeit (2019) von Wissenschaftlern aus Kalifornien und Frankreich ist beispielsweise Folgendes zu entnehmen: »*Es gibt immer mehr Belege für den positiven Nutzen von Meditation bei einigen klinischen Populationen, **insbesondere hinsichtlich des Abbaus von Stress, Angst und Depression*** *sowie der Schmerzreduktion [...].*«[128] (Hervorhebung durch die Autorin)

In einem ausführlichen Artikel des *New Scientist* (Juni 2021) über die Wirkung von Meditation wird u. a. darauf verwiesen, dass Meditation Schmerzen besser bekämpfen könnte als Morphin.[129]

Es handelt sich hierbei nicht um Wirkungen, die lediglich aufgrund von Selbstsuggestion entstehen, also gewissermaßen infolge einer selbstinduzierten Hypnose. **Meditation scheint nämlich ganz konkrete, messbare Spuren in unserem Körper zu hinterlassen,** und zwar nicht nur in den Gehirnwindungen (mehr dazu später), sondern auch auf den Endabschnitten unserer Chromosomen, die als Telomere bezeichnet werden. Diese werden im Laufe unseres Lebens immer kürzer, das heißt, ihre Länge ist ein Messgrad für unser Alter: Je länger die Telomere, desto jugendlicher sind wir. Tatsache ist, dass bei Menschen, die oft meditieren, längere Telomere festgestellt wurden als bei Nicht-Meditierenden.[130]

Bei älteren Menschen kann Meditation sogar dem kognitiven Verfall entgegenwirken. Mit diesem komplexen Forschungsfeld haben sich 2018 Wissenschaftler verschiedener europäischer Länder (Schweiz, Frankreich, Belgien, Großbritannien) befasst und dabei festgestellt, dass bei denjenigen, die Meditation in ihr Leben integriert hatten, im Kortex mehr graue Substanz vorhanden und der Glukosestoffwechsel in der Großhirnrinde im Vergleich zur Kontrollgruppe höher war.[131]

Dies zeigt uns, dass eine lang dauernde Meditationspraxis das Gehirn vermutlich vor dem altersbedingten neuronalen Verfall bewahren kann. Selbst die Europäische Kommission finanziert diesbezüglich medizinische Projekte zur Demenzprävention: »*Zur Untersuchung der Auswirkungen von 2-monatiger und 18-monatiger Meditation werden zwei randomisierte kontrollierte Studien durchgeführt [...] Diese europäische Forschungsinitiative veranschaulicht das fortschreitende Bewusstsein für den Nutzen solcher nicht-pharmakologischer Ansätze in der Demenzprävention und die Relevanz der Berücksichtigung der psycho-affektiven Dimension bei dem Bestreben, die mentale Gesundheit und das Wohlbefinden älterer Erwachsener zu verbessern.*«[132]

Meditation kann uns also nicht nur zu höherer Vernunft und somit zu besseren Entscheidungen verhelfen – sie kann auch unsere Gesundheit unterstützen und womöglich sogar unser Leben verlängern.

Stundenlang meditieren?

Viele denken wahrscheinlich, dass Meditationstechniken nur dann etwas bringen, wenn man sie tagtäglich für mehrere Stunden praktiziert – ähnlich dem Bild, das wir von buddhistischen Mönchen vor Augen haben. Dass dem aber keineswegs so ist, wurde von Wissenschaftlern der New York University in einer wegweisenden Studie nachgewiesen (2019), wonach eine Meditationssitzung von täglich 13 Minuten ausreicht: »*Im Vergleich zu unserer Kontrollgruppe fanden wir heraus, dass sich nach 8 [...] Wochen kurzer, täglicher Meditation negative Stimmungszustände sowie Aufmerksamkeit, Arbeitsgedächt-*

*nis und Erkennungsgedächtnis verbesserten [...]. Diese Studie legt nicht nur eine untere Grenze für die Dauer einer kurzen täglichen Meditation nahe, die notwendig ist, um bei Meditations-Unerfahrenen signifikante Vorteile festzustellen, sondern sie deutet auch darauf hin, **dass selbst eine relativ kurze tägliche Meditationspraxis ähnliche Verhaltenseffekte haben kann wie Meditationspraktiken, die über eine längere Dauer und mit höherer Intensität stattfinden.**«*[133] (Hervorhebungen durch die Autorin)

Das bedeutet: Um unser Wohlbefinden zu stärken, würde also täglich eine knappe Viertelstunde Meditation ausreichen.

Mindfulness to go

In der Zwischenzeit bietet der Markt ein breit gefächertes Angebot von Mindfulness-Apps zum Herunterladen auf das Smartphone, mit Anleitungen für 10- bis 20-minütige Achtsamkeitsmeditationen. Über deren Wirkung wurden bereits Studien durchgeführt, und die Resultate sind ermutigend, denn sie zeigen, dass Erwachsene mithilfe dieser Apps Arbeitsstress besser bewältigen[134] und Schüler besser mit Lernstress umgehen können.[135]

Also Meditation zum Mitnehmen? Warum nicht. Wichtig ist jedoch – wie immer –, die richtige App-Wahl zu treffen (mehr darüber siehe unten).

Eine der ersten deutschen Wissenschaftlerinnen, die sich schon seit vielen Jahren mit der Idee von Gehirntraining und möglichen App-Anwendungen befasst, ist

Professorin Tania Singer, Neurowissenschaftlerin und derzeit (2021) in Berlin am Max-Planck-Institut tätig.

Ihr Vater ist der bekannte Neurowissenschaftler Professor Dr. Wolf Singer, den ich 2004 für die italienische Zeitschrift *L'Espresso* interviewen durfte. Er teilte mir damals mit, dass Neurowissenschaftler mit Pädagogen zusammenarbeiten sollten; die gesammelten Forschungserkenntnisse über die Funktionsweise des Gehirns gehörten seiner Ansicht nach schon lange konkret in die Pädagogik und die Didaktik einbezogen, um das Lehren und Lernen an die Bedürfnisse des kindlichen Gehirns und seine Entwicklungsmöglichkeiten anzupassen. Weiter erklärte er mir, dass das Gehirn von Kindern und Jugendlichen buchstäblich »darauf warte«, Informationen zu erhalten, und dass diese Erwartungshaltung der Neuronen gewisse Zeitfenster habe, die zu beachten sind.

Seine Tochter Tania Singer, die sich wissenschaftlich für fernöstliche Meditation und Mindfulness interessiert, hat wiederholt nachgewiesen, dass gezielte Formen der Mindfulness-Meditation Menschen empathischer werden lässt. Sie konnte somit bestätigen, dass wir unser Gehirn wie einen Muskel trainieren können, um positivere Empfindungen und somit mehr Empathie (eine Vorstufe bzw. ein Teil der Spiritualität) zu entwickeln.[136]

Dies funktioniert auch mit einer App, die von Matthieu Ricard entwickelt wurde. Der buddhistische Mönch und Genetiker sagt: »*Meditation bedeutet nicht nur, dass wir unseren Geist leeren und uns entspannen. **Meditation bedeutet, unseren Geist zu trainieren.**«*[137] (Hervorhebung durch die Autorin)

Mindfulness und Wirtschaft

Diese Veränderungen auf der Gehirn-Geist-Ebene durch Meditation sind absolut notwendig, denn ein Mangel an Mitgefühl und die primitive niedere Vernunft sind wahrscheinlich die Hauptursachen für den Großteil unserer derzeitigen globalen Probleme. Könnten Ethik, Empathie und spirituelle Rationalität, also die »höhere« Vernunft, selbst dem »primitiven« Kapitalismus Vorteile bringen? Mehrere Forscher sind durchaus dieser Auffassung und zeigen in ihren Arbeiten alternative Wege der Unternehmensführung auf. So beschreibt beispielsweise Joan Marques von der Woodbury University in ihrem Buch über *Business and Buddhismus*,[138] wie wir durch Anwendung der buddhistischen »höheren« Vernunft von unserem bislang gegangenen Wirtschaftspfad abrücken können, der allzu oft von Betrug und Gier, also von egozentrischer niederer Vernunft, gekennzeichnet ist – was uns zum Beispiel die letzte Finanzkrise (2008), der Wirecard-Skandal (2020), die Maskenaffären (2021) oder auch der Kurz-Skandal (2021) anschaulich vor Augen führen.

Die meisten gesellschaftlichen Probleme rühren von einem egoistischen Wirtschaftssystem her – das müsste eigentlich inzwischen jedem klar sein. Bereits 2010 hatten Tania Singer und Matthieu Ricard ein Buch mit dem Titel *Mitgefühl in der Wirtschaft* herausgegeben, entstanden aus einer Konferenz zum Thema »*Altruismus und Mitgefühl in Wirtschaftssystemen*«, die sie mit dem Mind and Life Institut in Zürich organisiert hatten.[139] In diesem Buch kommen hoch angesehene internationale Forscher und Ökonomen zu Wort, die gemeinsam mit dem Dalai-Lama eruiert haben, *»wie ökonomisches Denken auf Grundlage der neuesten Forschungsergebnisse aus der Psychologie und den Neurowissenschaften neu formuliert werden könnte.«*[140] (Hervorhebung durch die Autorin)

Das war vor etwa zehn Jahren. Und was ist seitdem geschehen?

Der führende Wissenschaftsverlag Springer brachte 2020 die ersten zwei Bände über *Studies in Buddhist Economics, Management, and Policy* heraus (dt: Studien zu buddhistischer Wirtschaft, Management und Politik). *»Diese Buchreihe«*, so der Verlag, *»widmet sich der Erforschung und Darlegung neuer Entwicklungen der kontemplativen Erforschung in Bezug auf Buddhistische Ökonomie, Wohlbefinden, Soziale Transformation, Achtsame Organisationen und Ökologische Weltanschauung in Führungs- und politischen Kontexten. Diese besondere Kombination von Bereichen stellt einen einzigartigen Nexus für Reflexion und Aktion dar, um für Organisationen im wirtschaftlichen und sozialen Leben Wege für eine achtsame und nachhaltige Führung zu entwickeln.«*[141] **Die Wissenschaft versucht also, uns einen neuen Weg der Rationalität aufzuzeigen.**

Kann die Wirtschaft, die treibende Kraft dieses uns hypnotisierenden Gesellschaftssystems und somit unseres Lebens, von den Techniken des Buddhismus lernen? Und könnten wir auf diese Weise zufriedener und glücklicher werden?

Die Antwort ist vermutlich im Essay *Rationalität und Gesellschaft* zu finden. Für Ronald Wintrobe, Professor emeritus für Wirtschaft an der University of Toronto und Autor dieses wissenschaftlichen Artikels, scheint dies möglich zu sein.

Obwohl sich Autoren seit den 1970er-Jahren für den Buddhismus interessieren und sich damit befassen, wie diese Philosophie die Sicht auf unsere Wirtschaft verändern könnte – insbesondere in Bezug auf Nachhaltigkeit, Gerechtigkeit und Umwelt (siehe Claire Brown, 2017)[142] –, geht Wintrobe noch einen Schritt weiter: »*Im Zeitalter der Globalisierung und des Internet glaube ich jedoch [...], dass **die Entwicklungen in der Technologie die buddhistische Philosophie eher mehr als weniger relevant machen.***«[143] (Hervorhebung durch die Autorin)

Adam Smith hätte also von Buddha lernen können – ebenso wie all die vielen Menschen, die sich der unheilvollen, von ihm so nicht postulierten, aber nunmehr real existierenden Marktwirtschaft verschrieben haben, obwohl diese letztlich nicht glücklich macht, wie der ehemalige Wirtschaftsprofessor Ronald Wintrobe mit klaren Worten darlegt: »*Wenn der buddhistische Ansatz zum Glücklichsein richtig ist, dann erklärt dies, warum an dem üblichen Konsum so viel unbefriedigend ist. Die Erhöhung des Egos durch die Anhäufung von immer mehr Reichtum, um immer mehr konsumieren zu können, entfernt einen von den anderen Menschen und von den Objekten des Konsums selbst. **Je mehr du besitzt, desto mehr wird dein Ego aufgeblasen und umso mehr musst du es füttern, um*** *es bei Laune zu halten. Und je mehr du hast, desto schwieriger wird es, sich auf die Dinge an sich zu konzentrieren, da du deine Freude mehr darauf richtest, **wie viele Dinge du hast**. Der Schlüssel zur Zufriedenheit liegt darin, das Ego zu verlieren, die Unterscheidung zwischen dem Selbst und dem Anderen, dem Subjekt und Objekt zu tilgen und zu versuchen, mit dem (unsichtbaren) Ganzen eins zu werden, anstatt von der Außenwelt so viel zu besitzen oder zu dominieren, wie man kann.«*[144] (Hervorhebung durch die Autorin)

Man ist sicherlich positiv überrascht, solche Aussagen von einem ehemaligen Wirtschaftsprofessor zu lesen. Und es lässt fast hoffen ... **aber ob sich diese** neue Mindfulness-geprägte Sicht, also eine **buddhistische höhere Vernunft, gegen die niedere egogeleitete Ratio und somit gegen die Habgier, den Lobbyismus und die Machtausweitung in der Wirtschaft durchsetzen kann, ist momentan noch fraglich.**

Aber wie gesagt, vielleicht zeigt sich hier ja ein Hoffnungsschimmer, zumindest für zukünftige Generationen.

Mindfulness als Treiber positiver Gehirnveränderungen

Wir sollten endlich unseren freien Willen zur Geltung kommen lassen und Meditation in unser Leben integrieren, denn solange wir der niederen, biologisch geprägten Rationalität und somit dem Kapitalismus frönen, wird unser Handeln von der Gesellschaft eingleisig gelenkt, und der freie Wille kommt kaum zur Anwendung. Gegen diese innere biologische »Resignation« anzukämpfen und unseren freien Willen dafür einzusetzen, Meditation für wenige Minuten am Tag zu praktizieren, versetzt uns in die Lage, unsere Gehirnwindungen zu verändern und eine höhere Stufe der Vernunft zu erreichen. Jedenfalls zeigen uns das etliche wissenschaftliche Studien über die Auswirkungen von Meditation auf unser Gehirn und auf unser Verhalten.

Mindfulness-Meditation erhöht nachweislich **die Dichte der grauen Zellen, wie Forschungsarbeiten belegen,**[145] ebenso wie Untersuchungen mit älteren Menschen[146] und eine systematische Überprüfung und Metaanalyse zahlreicher weiterer Studien (2021).[147] Auch scheint die Mindfulness-Meditation den Wachstumsfaktor BNDF (engl.; brain-derived neurotrophic factor) zu erhöhen – eine Substanz, die mit den Nervenwachstumsfaktoren verwandt ist. Sie erlaubt es den Hirnzellen, bis ins höhere Alter noch aktiv und funktionsfähig zu bleiben, wie eine systematische Übersichtsarbeit aus Thailand aufzeigt.[148]

Studien der University of California und anderer Forschungseinrichtungen haben anhand von bildgebenden Verfahren ebenfalls eindeutige Hirnveränderungen festgestellt: Bei Meditierenden war die neuronale Verknüpfung zwischen der Amygdala (jenem Hirnteil, der bei unserer Art und Weise, mit Angst umzugehen, eine große Rolle spielt) und dem präfrontalen Kortex abgeschwächt. Darüber hinaus gibt es Hinweise darauf, »*dass diese Veränderungen der Hirnaktivierung während der*

Meditation im Laufe der Zeit **die Gehirnstruktur umformen, wobei zum Beispiel die graue Substanz im präfrontalen Kortex zunimmt und die Amygdala schrumpft, was möglicherweise vor Stress schützt«**[149]. (Hervorhebung durch die Autorin)

Meditation erweitert also den »modernen« Teil des Gehirns und lässt einen uralten – wie die Amygdala – schrumpfen. Wenn das nicht konkrete und messbare Evolution ist ...

Bereits seit vielen Jahren ist bekannt, dass Meditationspraktiken, bei denen der Fokus auf **Empathie**-Übungen liegt, jene Hirnareale zu aktivieren vermögen, die mit Mitgefühl korrelieren – so eine wichtige Studie des Max-Planck-Instituts aus dem Jahr 2013.[150]

Die wissenschaftlichen Arbeiten auf diesem Gebiet erlauben es, einige besondere zukunftsträchtige, mit Meditation verbundene Aspekte hervorzuheben: *»Die Resultate unserer Longitudinal-Studie weisen auf eine strukturelle Plastizität bekannter sozial-affektiver und sozial-kognitiver Gehirnnetzwerke bei gesunden Erwachsenen hin, die auf gezielten, kurzen,* täglichen mentalen Übungen basiert. ***Diese Befunde könnten die Entwicklung evidenzbasierter mentaler Trainingsinterventionen in klinischen, pädagogischen und betrieblichen Kontexten fördern, welche auf die Kultivierung von sozialer Intelligenz, prosozialer Motivation und Kooperation abzielen.***«[151] (Hervorhebung durch die Autorin)

Dies alles bedeutet vor allem eines: Wir können unser Gehirn (und unseren Geist) mittels Meditation (aber auch mittels anderer Systeme wie Neurofeedback, Hypnose etc.)[152] genauso trainieren, wie wir unsere Muskeln durch Sport »positiv verändern«. Hierbei geht es allerdings nicht um eine Verbesserung unserer körperlichen Leistungen: Mit Mindfulness-Meditation können wir jene Hirnareale stimulieren, die uns eine geistige Weiterentwicklung ermöglichen.

Zu kompliziert oder zu schwierig? Nein, eigentlich gar nicht. Man braucht nur drei Dinge: Die richtige Meditation, deren Ausübung und Training bereits im Kindesalter – und die Einführung von Mindfulness-Meditation in den Schulen, die in vielen Ländern der Welt und auch in Deutschland bereits ansatzweise erfolgt ist.

Meditation in die Schulen bringen!

Wie oben erwähnt, hatte der bekannte Neurowissenschaftler Wolf Singer bereits vor fast 20 Jahren gefordert, dass die neurowissenschaftlichen Erkenntnisse in die Didaktik integriert werden sollten. Heute, gestützt auf die Ergebnisse zahlreicher Studien über Meditation, haben viele Schulen in der ganzen Welt bereits Achtsamkeitsübungen eingeführt, und die Auswirkungen sind wirklich erstaunlich. Wie heißt es doch so schön? Früh begonnen, viel gewonnen ... oder: Übung macht den Meister.

Hier ein paar Beispiele:
In der Robert-Coleman-Grundschule in Baltimore (USA) erhalten 80 Prozent der Kinder Gratismahlzeiten auf-

grund elterlicher Armut oder anderer prekärer sozialer Umstände. Vor Jahren versuchte man, die auffälligen Verhaltensprobleme dieser Jugendlichen durch die Einrichtung eines Meditationsraums zu lösen: Wenn sich die Schüler ungehörig benahmen, wurden sie nicht zum Nachsitzen abkommandiert, sondern in den Meditationsraum geschickt. Der Erfolg der dort unter der Leitung einer ausgebildeten Lehrkraft durchgeführten Mindfulness-Meditationen war ebenso durchschlagend wie nachhaltig, denn die Kinder begriffen in kürzester Zeit, worum es dabei ging. So sagte ein streitsüchtiger Junge, der von dem US-Sender *CNN* zu den Meditationswirkungen interviewt wurde: »*Ich habe einige tiefe Atemübungen gemacht, aß einen kleinen Snack und kam dann wieder runter. [...]* **Danach hab ich mich bei der Klasse entschuldigt.**«[153] (Hervorhebung durch die Autorin)

Laut Schuldirektorin Carlillian Thompson kommt die Mehrzahl der Kinder aus sehr schwierigen Verhältnissen; viele von ihnen hätten daheim keine Elektrizität, und einige Schüler würden sogar auf der Straße übernachten. Umso erstaunlicher sei es, zu erleben, so Frau Thompson, wie sich diese Kids dank der Meditation verändern: Seit in der Schule Achtsamkeit geübt wird, müsse sie kaum mehr auf Disziplinarmaßnahmen zurückgreifen; auch sei bei den Kindern eine erhöhte Aufmerksamkeit im Unterricht zu beobachten. In der *CNN*-Sendung brachte Dacari, ein Drittklässler, die Sache folgendermaßen auf den Punkt: »*Wenn die Kinder hierherkommen, sind sie alle zappelig und blödeln herum.*

[...] Wenn sie den Meditationsraum verlassen, sind sie friedlich und ruhig und bereit, ihre Arbeit zu machen.«[154]

Ähnlichen Erfolg mit Meditationsübungen hatte die Mittelschule »Visitacion Valley« in San Francisco, die sich angesichts der Gewalt, die an dieser Schule und in dem gleichnamigen Stadtviertel früher tagtäglich herrschte, als Schauplatz von Mord- und Totschlag in einer Krimiserie geeignet hätte.

Um mit den Kids dieser Schule einigermaßen fertigzuwerden, wurde der Schulleitung 2007 vorgeschlagen, Meditationsstunden einzuführen. In einem Interview mit dem *Guardian* (2015) erzählte ein Lehrer, dass er und einige seiner Kollegen nicht so recht an den Erfolg dieser »Quiet-Time-Stunde« geglaubt hatten – aber nach einem Monat fiel allen auf, dass die Schüler ausgeglichener und aufmerksamer wirkten, dass sie mehr leisteten und dass es einfacher war, ihnen etwas beizubringen. Am allerwichtigsten aber war: *»Die Anzahl der Schlägereien ging dramatisch zurück.«* In dem *Guardian*-Artikel heißt es weiter: *»Im ersten Jahr von Quiet Time sank die Zahl der Schulverweise an der Visitacion Valley Elementary School – die 500 Schüler im Alter von 11 bis 13 Jahren hat – um 45 %. 2009 bis 2010 lagen die Anwesenheitsraten bei über 98 % (und gehörten damit zu einigen der höchsten in der Stadt); und heute werden 20 % der Absolventen an der akademisch anspruchsvollen Lowell High School aufgenommen – vorher wurde nur selten auch nur ein Schüler dort zugelassen. Vielleicht noch bemerkenswerter ist das Ergebnis der letztjährigen California Healthy Kids Survey* *des staatlichen Bildungsministeriums, wonach **die Schüler der Visitacion Valley Middle School die glücklichsten in ganz San Francisco sind.**«*[155]

Seitdem haben viele Schulen in San Francisco das Meditationsprogramm in ihren Lehrplan aufgenommen.

Diese positiven Erfahrungen könnte man damit abtun, sie seien rein anekdotisch und gäben nicht viel Messbares her. Da aber inzwischen weltweit bei zahlreichen Schulen Meditation auf dem Lehrplan steht, ist dieses neue Unterrichtsfach bereits auf seine Wirkung hin wissenschaftlich untersucht worden. Eine Studie (2019), die u. a. von Forschern des MIT *(Massachusetts Institute of Technology),* der Harvard University und der Yale University durchgeführt wurde, zeigt auf, welche Vorteile durch Mindfulness-Meditationen erzielt werden.

Für diese Studie wurden 40 Kinder im 6. Schuljahr auf zwei Gruppen aufgeteilt. Die eine Gruppe erhielt während der Unterrichtszeit pro Tag ein Meditationstraining, und zwar acht Wochen lang. Die Kontrollgruppe bekam in dieser Zeit Technikunterricht. Am Ende wurden den Kindern (wie zu Anfang der Studie) Bilder von angsteinflößenden bzw. neutralen oder freundlichen Gesichtern gezeigt und ihre Reaktionen mittels Magnetresonanz bildlich erfasst – insbesondere die Aktivierung der für Angstempfindungen zuständigen Amygdala. Die Ergebnisse waren verblüffend: »*Nach der Intervention berichteten die Kinder, die das Achtsamkeitstraining erhalten hatten, über geringeren Stress, wie er mit einer reduzierten Aktivierung der rechten Amygdala angesichts erschrecken-*

*der Gesichter verbunden ist – im Vergleich zu den Kindern der Kontrollgruppe. [...] Veränderungen im wahrgenommenen Stressempfinden sowie in der Neuroplastizität traten auch in nicht-meditativen Zuständen auf, was darauf hindeutet, **dass die Vorteile des Achtsamkeitstrainings über den aktiven meditativen Zustand hinaus in die Alltäglichkeit übernommen wurden. Diese Studie liefert erste Hinweise darauf, dass Achtsamkeitstraining bei Kindern Stress reduziert und funktionelle Gehirnveränderungen bewirkt und dass ein solches Training in den Lehrplan ganzer Schulklassen integriert werden kann.**«[156]
(Hervorhebungen durch die Autorin)

Was würde das für die Zukunft unserer Kinder bedeuten? Für ihr späteres Leben als Erwachsene? Aber auch für das Wohlbefinden der Kids im Hier und Jetzt?

Mariana Rudan, Mutter von zwei Kindern, schilderte ihre Erfahrung in einem kurzen Bericht für den australischen Fernsehsender *ABC*. Sie hatte eines Tages bemerkt, dass ihre Tochter, die eine Schule in der Nähe von Sydney besuchte, den Stress des täglichen Konkurrenzkampfes in der Klasse nicht mehr ertrug. Daran müsste sich endlich etwas ändern – und eigentlich, so dachte sie, sollte man in allen Schulen Australiens Kurse über Empathie und Meditation einführen.

Eine neue didaktische Denkrichtung, die Dänemark bereits seit Jahren in die Praxis umsetzt. Dort war Mariana Rudan 2017 zu Besuch gewesen, und sie hatte sich gefragt, warum **Dänemark** wohl zu den glücklichsten Ländern der Welt zählt. Die Antwort sei einfach: »*Die*

Dänen«, so schreibt sie, »*haben sich nicht einer Ich-gegen-dich-Kultur verschrieben. Nach vielen Fragen und einem Tag in einem Klassenzimmer entdeckte ich, dass diese Denkweise bereits in der Grundschule beginnt. Der Lehrplan konzentriert sich stark auf das ›ganze‹ Kind, nicht nur auf seine sportlichen oder akademischen Leistungen. Ganze Fächer sind der Vermittlung von Empathie, gegenseitigem Respekt und sozialem Zusammenhalt statt dem Konkurrenzdenken gewidmet.*«[157]

Seit vielen Jahren wird »Empathie« in Dänemark als Pflichtfach in **jeder** Grund- und weiterführenden Schule des Landes bis zum 16. Lebensjahr »gelehrt«, und zwar einmal die Woche.

Um dem Training eine konkrete Basis zu geben, werden in dieser Stunde oft die Probleme der Schüler angegangen – auch solche, die außerhalb der Schule entstehen. Jeder Schüler hört aufmerksam zu und beteiligt sich gemeinsam mit dem Lehrer an der Lösung der Probleme. Diese wegweisende Pädagogik sollte auch in Deutschland (oder überhaupt in Europa) flächendeckend eingeführt werden.

Eine österreichische Webplattform für Familien verdeutlicht, warum eine solche Ergänzung der Schulpläne nach dänischem Muster notwendig wäre: »*Empathie hilft den Schülern, untereinander Beziehungen aufzubauen, Mobbing zu verhindern und erfolgreich miteinander zu arbeiten. Später fördert sie den Entwicklungsprozess von Führungskräften, Unternehmern und Managern. ›Empathische Teenager‹ sind in der Regel erfolgreicher, weil sie sich mehr an gemeinschaftlichen Zielen orientieren als ihre narzisstischeren Altersgenossen. [...] Eine Empathie-Stunde zu besuchen gibt den dänischen Kindern daher Befriedigung und Freude und bereitet sie darauf vor, glückliche Erwachsene zu werden.«*[158] (Hervorhebung durch die Autorin)

Während unsere Nachbarn durch Empathie-Pflichtstunden in den Kindern eine begrüßenswerte Entwicklung vorantreiben, setzt man in den USA eher auf die Kraft von Mindfulness-Meditationen, die aber ähnliche Resultate erzielen (siehe oben).

Wie steht es damit bei uns? In Deutschland hat das AVE-Institut (Institut für Achtsamkeit, Verbundenheit und Engagement) im Internet ein »Portal für Achtsamkeit in der Pädagogik« gegründet, um mit unterschiedlichen Mitteln die Einbeziehung von Mindfulness und Empathie in die Lehrpläne der Schulen zu fördern, denn: »*Achtsamkeit und Mitgefühl sind Schlüsselkompetenzen für gesellschaftliche Veränderungen.*«[159]

Leider scheint insbesondere in Deutschland, Österreich und Italien diese für das Glück und das geistige Gleichgewicht unserer Kinder so fundamental wichtige Lehrplanintegration nur in wenigen Schulen Einzug zu finden, obwohl neben **Dänemark** auch **Schweden**, die **Niederlande** und **Portugal** Meditation in zahlreichen Schulen bereits erfolgreich durchführen.[160]

Einige wenige Mutige – und Vorausblickende – gibt es aber auch in **Deutschland**: Seit einigen Jahren haben sich in Solingen 21 Grundschulen dem Projekt »GIK – Gesundheit, Integration, Konzentration« mit Meditations-

Übungen angeschlossen.[161] Ein erster wichtiger Schritt ... aber noch besser läuft es schon in **Großbritannien: Hier nehmen 370 (!) Grundschulen an einem vom Erziehungsminister geförderten Mindfulness-Studienprojekt teil.** Bis Ende 2021 soll wissenschaftlich erfasst werden, inwiefern sich die in die Lehrpläne integrierte buddhistische Meditation positiv auf die Kinder, ihr Leben und ihre schulischen Leistungen auswirkt.[162]

Bereits 2014 war eine Metaanalyse der Europa-Universität Viadrina in Frankfurt (Oder) zu dem Schluss gekommen, dass Mindfulness an den Schulen Kinder und Jugendliche in die Lage versetzt, ihre kognitiven Fähigkeiten, ihre Aufmerksamkeits- und Lernkapazität sowie ihre Stressresilienz zu verbessern.[163] Aus diesen Gründen haben Lehrer in Großbritannien während der Covid-Krise auf diese Methode zurückgegriffen – und um die Probleme, die ihre Schüler mit Depressionen hatten, in den Griff zu bekommen.[164]

Inzwischen werden verschiedene Meditations-Apps speziell für Kinder angeboten. Trotz der absolut positiven Entwicklung in diesem Bereich sollte man sich hier allerdings unbedingt die Frage stellen, inwieweit die Kinder damit *de facto* einer hypnotischen Wirkung ausgesetzt werden. Einige Forscher sind nämlich der Auffassung, dass Hypnose und Meditation ähnliche Merkmale aufweisen, dass also Meditation einer Art Selbsthypnose entspricht (insbesondere die zu Recht kritisierte Transzendentale Meditation).

Sollte auch die Mindfulness-Meditation, **wenn auch nur teilweise,** mit einer selbstinduzierten Hypnose gleichzusetzen sein, dann sei sie trotzdem willkommen – aber nur, solange wir darüber entscheiden können, wie wir sie (insbesondere bei Kindern) anwenden, und solange wir ihre Wirkung, also ihre Erfolge und Misserfolge, aufmerksam verfolgen. Inzwischen bieten nämlich im Internet immer mehr Gruppen, Unternehmen oder Entwickler Mindfulness- oder Meditations-Apps an, bei denen die Meditation jedoch – und dies sei betont – nicht unter der Anleitung eines physisch anwesenden Lehrers durchgeführt wird, sondern anhand einer Smartphone-App. So nützlich eine solche App erscheinen mag (gerade in Corona-Zeiten) – hier ist Vorsicht geboten, denn die Entwicklung auf dem Gebiet der Apps und der (auch positiv orientierten) »Manipulation unseres Gehirns« schreitet rasant voran, und die Qualität ist für Laien oftmals schwer zu beurteilen.

Aus diesem Grund haben sich Forscher in Portugal mit diesem Thema befasst und insbesondere englischsprachige Gratis-Apps mit Mindfulness-Meditationen für Kinder unter die Lupe genommen. Von den 1933 überprüften Apps konnten nur 57 die zuvor festgelegten Qualitätskriterien erfüllen, und von diesen erreichten nur 36 einen Wert von 3,4 (auf einer Skala bis zu 5): »*Trotz des generell ›akzeptablen‹ Qualitätsniveaus erreichten die meisten Apps nicht in allen* [Qualitätskriterien] *die Note gut (≥ 4,0). Insgesamt scheint es bei den frei verfügbaren achtsamkeitsbasierten Apps für Kinder noch Verbesserungsbedarf zu geben.*«[165]

Wer sich Meditations-Apps für Erwachsene herunterladen möchte, dem kann ich nur die Website des

Massachusetts Institute of Technology Medical (MIT Medical) empfehlen, da die dort veröffentlichte Liste anhand einer wissenschaftlichen Studie erstellt worden ist.[166]

Hirnzellentraining, persönliche Weiterentwicklung und Glückseligkeit

Bevor ich näher auf die Mindfulness-Meditation eingehe – und auf die wissenschaftlich belegte Tatsache, dass diese Meditation uns zu einer höheren Charakterreife und zu einem rundum glücklicheren Leben und zu innerer Zufriedenheit verhelfen kann –, lohnt sich ein kurzer Exkurs in das Thema »Neuroplastizität« und wie wir unsere Neuronen richtiggehend trainieren können.

Da unser Gehirn plastisch ist (auch noch im Alter!), sind einige Neurowissenschaftler dabei nachzuweisen, dass wir nicht nur (wie oben beschrieben) imstande sind, positive Hirnveränderungen zu erzielen, sondern sogar auch neue Sinneswahrnehmungen entwickeln können. David Eagleman, der Shooting Star unter den US-amerikanischen Neuro-Koryphäen und Autor u. a. von *Inkognito: Die geheimen Eigenleben unseres Gehirns,* widmet sich aktuell einem besonderen Gebiet.

Eagleman, der zurzeit an der Stanford University lehrt und seine Tage oft im Silicon Valley verbringt, geht davon aus, dass die biologisch und von der Evolution gegebene Neuroplastizität des Gehirns uns die Möglichkeit eröffnet, mithilfe von Geräten neue Sinneswahrnehmungen zu erfahren. Ein von ihm entwickeltes Armband, das bereits von zahlreichen Gehörlosen in den USA getragen wird, kann Geräusche, Sprache und Musik in Vibrationen umsetzen und auf die Haut übertragen, um von dort das Gehirn zu erreichen. Nach einem kurzen Training sind Gehörlose in der Lage, verschiedene Vibrationsmuster zu unterscheiden und sie mit der Geräuschquelle zu verknüpfen. Dazu Eagleman im *New Scientist* (März 2021): »*Das Armband ist jetzt ein Produkt namens Buzz, das Schall einfängt und ihn mittels vier Motoren in Vibrationsmuster umwandelt. Diese Informationen auf der Haut folgen den Nerven bis zum Gehirn, das problemlos lernen kann, sie zu verstehen. Tausende von gehörlosen Menschen nutzen es. Jeden Tag bekommen wir E-Mails von Menschen, die davon berichten, dass sie plötzlich gemerkt haben, dass sie ihren Wasserhahn nicht abgedreht haben, oder dass sie jetzt den Unterschied zwischen dem Bellen ihrer beiden Hunde erkennen können.*«[167]

Gehörlose Menschen können ihr Gehirn demnach so weit trainieren, dass sie anhand der Vibrationen eines elektronischen Armbandes Geräusche unterscheiden können! Dies zeigt, welche Wunder gezieltes Gehirntraining bewirken kann. Es sollte also einleuchten, dass auch meditatives Training unsere Gehirnstrukturen zum Positiven verändern kann, wie es ja bereits wissenschaftlich belegt ist.

Eagleman ist der Auffassung, dass die Neurowissenschaft noch lange nicht alle Fähigkeiten des menschlichen Gehirns, geschweige denn seine Funktionsweise, verstanden hat: »*Wir sagen oft, dass das Gehirn plastisch ist, das heißt, es lässt sich wie Plastik formen. Aber ich glaube, der Begriff ›Plastizität‹ ist nicht aussagekräftig genug, um die Art und Weise zu erfassen, wie sich das System als Ganzes verhält.* Ich verwende lieber den Begriff ›livewired‹ [»sich ständig umorganisierend], *um darzustellen, dass wir Milliarden von Neuronen haben, die ihre Schaltkreise jede Sekunde neu konfigurieren.* Die Verbindungsstücke zwischen ihnen ändern sich in ihrer Stärke und werden an anderer Stelle [wie Stecker] herausgezogen und wieder eingesteckt.«[168]

Unsere hochkomplexe Hirnsoftware mit ihren Milliarden uns teilweise völlig unbekannten Neuronen **ist also genetisch darauf vorprogrammiert, sich ändern zu können oder sogar zu müssen.** Wir sollten diese Chance nutzen, denn sie ermöglicht uns – ich werde nicht müde, es zu wiederholen –, die nächste evolutionäre Stufe unserer Entwicklung zu erklimmen.

Und das wäre vermutlich das erste Mal, dass die Spezies Mensch ihren freien Willen tatsächlich gezielt und zu ihrem eigenen Besten zum Einsatz bringt.

Denn genau darum geht es hier. Die Evolution hat, u. a. mithilfe von springenden Genen, Retroviren und epigenetischen Veränderungen, einen großen Reichtum an Lebensformen entwickelt und auch unser komplexes Gehirn hervorgebracht. Diesem knapp über ein Kilogramm schweren neuronalen Netzwerk (unter gewissen Aspekten übrigens sich unterirdisch ausbreitenden Pilzgeflechten ähnlich[169]) wurde die Fähigkeit verliehen, sich im Laufe der Zeit mit allem Möglichen zu beschäftigen und Bedeutendes zu erschaffen – von grandiosen Pyramiden über unsterbliche Symphonien und geniale mathematische Errungenschaften bis hin zu hochkomplexen Maschinen, die inzwischen sogar heil auf dem Mars gelandet sind.

Aktuell befinden wir uns allerdings an einem Wendepunkt. Unser Gehirn hat KI, Roboter und Algorithmen entwickelt, die imstande sind, ihre eigene Evolution in Gang zu setzen und sich damit potenziell unserer Kontrolle zu entziehen – mit unabsehbaren Folgen (siehe *Die hypnotisierte Gesellschaft*).

Aber auch in anderer Hinsicht befinden wir uns in einem Umbruch, denn die niedere Vernunft – *de facto* die von grenzenlos profitorientierten Menschen – hat uns dazu gebracht, unseren Planeten mit einer Mischung aus Egoismus, Bequemlichkeit, Größenwahn und Habgier auszubeuten, zu vermüllen und das Klima so aus dem Takt zu bringen, dass zukünftige Generationen vor dramatischen Problemen stehen werden (siehe dazu Klimabericht 2021[170]).

Die Evolution hat unser neuronales Netzwerk so gestaltet, dass es nicht nur materiegebundene Errungenschaften hervorzubringen, sondern ihm auch Instrumente mitzugeben vermag, mit denen wir eine positive Entwicklung unseres Gehirns und unseres Geistes einleiten können – **sofern** wir unsere Neuronen gewissermaßen wie unsere Muskeln immer wieder trainieren und damit zum Besseren verändern.

Meditation würde auch der Gesellschaft insgesamt zugutekommen, wie der bereits erwähnte Genetiker und buddhistische Mönch Matthieu Ricard immer wieder betont: »*Wir sollten uns nie entmutigen lassen und denken, dass wir die Welt nicht verändern können, denn es beginnt bei uns selbst, und wenn gleichgesinnte Menschen allmählich eine kritische Masse erreichen, können wir einen Kulturwandel bewirken. Es fängt bei einem selbst an, einen anderen Weg gibt es nicht!*«[171]

Genau dieser Ansicht sind viele Forscher, die sich wissenschaftlich mit Meditation befassen: Veränderung beginnt bei jedem selbst – um dann festzustellen, dass das Glück in der Abkehr vom Egotrip besteht. Auch wenn dieser Weg bislang nur von einer relativen Minderheit gegangen wird (von den über sieben Milliarden Menschen weltweit sind schätzungsweise nur 250 bis 500 Millionen Buddhisten), hat die »kulturelle« Evolution dieser Minderheit an ihrer von Generation zu Generation weitergegebenen Tradition der »Selbstlosigkeit« über alle Zeiten festgehalten.

Wie bereits beschrieben, kann die Neurowissenschaft den Skeptikern heute beweisen, dass die uralte buddhistische Mindfulness-Meditationstechnik unseren Kortex dahingehend verändern kann, dass sich gerade seine »moderne«, also hoch entwickelte neuronale Schicht verdichtet und volumenmäßig vergrößert[172] – und dass dies uns dazu führen kann, eine höhere Vernunft zu entwickeln. **Diese uns von der Evolution gebotene Chance sollten wir unbedingt ergreifen, um den dadurch eigentlich für uns vorgesehenen Evolutionssprung zu vollziehen und der höheren Vernunft Raum zu geben.** Denn diese höhere Vernunft könnte uns nicht nur dazu verhelfen, uns weniger von primitiven Gefühlen und Gedanken lenken zu lassen (die uns zu schädlichen Entscheidungen verleiten), sondern sie könnte uns auch ersparen, Antidepressiva oder andere »Stimmungsaufheller« zu schlucken, frustrationsbedingt immer wieder neue Dinge zu konsumieren und unsere Umwelt zu zerstören.

Diese Art der Vernunft könnte auch für viele von uns hilfreich sein, um wieder die Würde und den Respekt an den Tag zu legen, die wir Menschen einander schulden – denn wie Studien in dem neuen Wissenschaftsbereich der **Dignity Neuroscience** (übersetzt etwa: **Neurowissenschaften der Würde**) zeigen, ist Respekt vor der eigenen Würde und der unserer Mitmenschen fundamental für unser psychisches Wohlbefinden.[173] Nur auf diesem Weg können wir eine dauerhafte und lebenstragende Glückseligkeit erfahren und die Gesellschaft verbessern.

Das beste Beispiel dafür ist der bereits erwähnte Matthieu Ricard, einer der angesehensten buddhistischen Mönche nach dem Dalai-Lama. Als Sohn eines französischen Philosophen und einer bekannten Malerin hatte er im Elternhaus bereits in jungen Jahren Kontakt mit Gästen wie Igor Strawinsky und Henri Cartier-Bresson und entschloss sich, schon früh den Osten und seine Philosophien zu erkunden: *»Als junger Mann studierte Ricard Molekulargenetik unter einem Nobelpreisträger am renommierten Pasteur-Institut. Er unterbrach seine Studien mehrfach, um seinem wachsenden Interesse am Buddhismus nachzugehen, und reiste nach Darjeeling, um von spirituellen Meistern zu lernen. Ricard machte schließlich seinen Doktor, aber als es an der Zeit war, zu entscheiden, was er mit seinem Leben anfangen wollte, war die Ent-*

scheidung einfach. [...] Er verglich diese mit einer Frucht, die an einem Baum gereift ist: ›Irgendwann muss man nicht mehr am Ast ziehen und ihn brechen, um an die Frucht zu kommen. Man muss sie nur berühren, und sie fällt einem in die Hände.‹«[174]

Anscheinend war es die richtige Entscheidung, denn aufgrund einer Studie der University of Wisconsin (2004) verliehen ihm die Medien den Titel des »*glücklichsten Menschen auf Erden*«.

Wie kamen die Journalisten zu dieser Schlussfolgerung? Auf Wunsch des Dalai-Lama nahm Ricard zusammen mit anderen buddhistischen Mönchen an einem Experiment teil, bei dem während einer auf Mitgefühl fokussierten Mindfulness-Meditation ihre Gehirnströme gemessen wurden.

Den Studienergebnissen zufolge hat das Gehirn von Ricard (wie auch das der anderen teilnehmenden buddhistischen Mönche) im Vergleich zur Kontrollgruppe Gamma-Wellen produziert, die extrem hohe Amplituden (schnelle Frequenzen) aufwiesen. Bemerkenswert war zudem, dass diese Gamma-Wellen über sein gesamtes Gehirn hinweg messbar waren (was als Zeichen einer breit angelegten neuronalen Koordination zu werten ist).

Eines der bahnbrechenden Ergebnisse dieser Studie war, dass bei Mönchen mit langjähriger Meditationspraxis über **30-fach erhöhte** Gamma-Amplituden gemessen wurden (gleichzusetzen mit einem besonders hohen Glücksempfinden). Die Forscher stellten außerdem fest, dass die Amplitude der Gamma-Wellen bei den Mönchen auch im Normalzustand viel höher war als bei den

Personen der Kontrollgruppe.[175] Demnach sind diese Menschen auch in ihrer normalen Alltäglichkeit **glücklicher** als andere.

Bei dem o. g. Experiment wurden aber nicht nur die Gehirnströme gemessen. Die Mönche, Ricard inbegriffen, wurden auch in die Röhre eines MRT-Gerätes geschoben; während sie die Mitgefühl-Meditation auch darin durchführten, erstellten die Forscher magnetresonanztomografische Bilder ihrer Gehirne. Diese Aufnahmen haben bestätigt, dass bei Mönchen und anderen Personen mit langjähriger Meditationspraxis das linke Frontalhirn besonders aktiv ist – also der Teil des Gehirns, der mit Glück und Zufriedenheit in Verbindung gebracht wird. »*Optimistische Typen haben einen aktiveren linken Frontalcortex als unglücklichere Naturen. Offenbar hält dieses Hirnareal schlechte Gefühle im Zaum – und sorgt für die heitere Ausgeglichenheit und Gemütsruhe, die so viele Buddhisten auszeichnet*« – so die *Süddeutsche Zeitung* in einem Artikel dazu.[176]

Glück sei, wie Studienleiter Richard Davidson betont, eine »*Fertigkeit, die sich erlernen lässt wie eine Sportart oder das Spielen eines Musikinstruments. [...] Wer übt, wird immer besser.*«[177]

SCHLUSSWORT

Die spirituelle Vernunft, die durch die Praxis buddhistischer Meditationstechniken erreicht werden kann, vermag uns die unterschwellig ersehnte Entwicklung sowie eine Glückseligkeit zu bescheren, wie sie uns in unserer heutigen Alltäglichkeit so gut wie unbekannt ist.

Dabei geht es nicht darum, einer menschengemachten Religion mit ihren Liturgien und Ritualen zu folgen, sondern das Ziel ist vielmehr, durch mitgefühlorientierte Meditation die (vermutlich genetisch verankerte) spirituelle Seite in uns wiederzuerwecken und zu empfinden. [178]

All das, was uns beigebracht wurde – der egozentrische Konkurrenzkampf und das Emporsteigen auf einer Karriereleiter, um Geld, Erfolg und Güter zu erlangen –, wird bei Erreichen dieser Ziele nur mit einem kurzfristigen (Pseudo-)Glücksempfinden belohnt.[179] Das solchermaßen auf materielle Errungenschaften getrimmte Leben lässt uns kontinuierlich nach neuen Befriedigungen (fehlinterpretierte »Glücksmomente«) suchen, die sich in ungezügeltem Kauftrieb, Karrieregeilheit,[180] Sexsucht[181] oder Machtverlangen ausdrücken.

Die Mitgefühl-Meditation kann uns helfen, gerade diese biologisch-primitiven Triebe im Zaum zu halten, die von der Gesellschaft und insbesondere von unserem konsumorientierten Wirtschaftssystem seit über einem Jahrhundert ebenso obsessiv wie hypnotisierend gefördert werden. Meditation kann uns von diesem Ballast befreien, der uns letztlich immer egoistischer, übersättigter, unzufriedener, oberflächlicher und unglücklicher macht.

Wenn wir von wahrem Glück getragen werden wollen, also Glück als Lebenszustand und als Dankbarkeit der Schöpfung gegenüber erfahren wollen (Letztere wirkt sich übrigens auch positiv auf die Gesundheit des Herzens aus[182]), müssen wir das in uns schlummernde Potenzial mithilfe von Meditation wiedererwecken. Dazu der Hirnforscher Richard Davidson: »*Menschen kommen mit einer angeborenen, grundlegenden Güte auf die Welt. Wenn wir uns auf Praktiken einlassen, die darauf abzielen, Güte und Mitgefühl zu kultivieren, erschaffen wir nicht wirklich etwas Neues – wir erschaffen nicht wirklich etwas, das nicht schon existiert. Was wir tun, ist, eine Eigenschaft zu erkennen, zu stärken und zu pflegen, die von Anbeginn vorhanden war.*

Unsere Gehirne werden ständig geformt, bewusst oder unbewusst – meistens unbewusst. Durch die bewusste Gestaltung unseres Geistes [...] können wir die Verantwortung für unseren eigenen Verstand [Geist] *übernehmen.*«[183]

Nur so können wir uns aus dem gegenwärtigen hypnotischen Zustand, in dem wir unser Denken fremdlenken lassen, nachhaltig befreien.

Wir müssen eines begreifen: Die ökonomischen Profiteure wollen nicht, dass wir glücklich und zufrieden sind, damit wir ihr System durch unser Kaufen und Konsumieren – also »kurzfristige Wohlgefühle« – weiter aufrechterhalten. Der Philosoph Walter Benjamin hat uns dieses Räderwerk des Kapitalismus bereits vor einem Jahrhundert aufgezeigt (siehe oben).

Also raus aus der kapitalistischen Fremdhypnose und hin zur Meditation?

Ja, denn mit Mindfulness-Meditation können wir unser persönliches erweitertes Ich entdecken – ähnlich dem Liebe und Verantwortung empfindenden Ich, das bei der Geburt eines Kindes in der Mutter oder dem Vater unwillkürlich emporsteigt. Eigentlich sollten wir diese innige Aufmerksamkeit jedem unserer Mitmenschen entgegenbringen (wie vom Buddhismus propagiert). Nur so können wir den inneren Glückskern entdecken, unsere mentale und physische Gesundheit hegen und Respekt und Empathie für andere aufbringen.

Eine Freundin von mir, die Malerin Renée Fabbiocchi, sagte vor Kurzem: »*Meditation ist die Methode, um die altverwurzelten Ego-Gedanken, die in unserem Hirn wie Stechmücken unser Leben bestimmen, mit der Lichtkraft des Atems zu verscheuchen.*«

Meditation wäre auch der Treiber schlechthin, um die in uns eigentlich schon vorprogrammierte höhere Vernunft hervorzuholen und ihr gewahr zu werden, damit wir dem zur Floskel verkommenen Begriff der »menschlichen Würde« (denken wir an Menschenhandel, Prostitution, Korruption, Sklavenarbeit etc.) neues Leben einhauchen und den vom Wirtschaftssystem geförderten primitiven Impulsen (Egoismus, Habgier ...) endlich den Rücken kehren können – denn wo haben sie uns hingeführt?

Eine Weiterentwicklung ist dringend notwendig (Stichwort Klimawandel), und schon die klügsten Köpfe der Wissenschaft und der westlichen Kultur hatten sich die gesellschaftliche Anwendung der höheren Vernunft vorausahnend gewünscht: Darwin, Einstein, Tesla und viele andere legten dies in ihren Schriften mit leicht verzweifeltem Unterton wiederholt dar. [184]

Damit könnten wir, und ich werde nicht müde, es zu wiederholen, der menschlichen Involution (Degeneration) entkommen, in die uns das Gesellschafts- und Wirtschaftssystem hypnotisch getrieben hat (und weiterhin treiben wird), und befreit die nächste Stufe der menschlichen Evolution angehen – und zwar eine, wie wissenschaftlich erwiesen, glücklichere.

Albert Einstein hatte all dies bereits vor langer Zeit erkannt: »*Unser Ziel muss es sein, uns aus dem Gefängnis zu befreien, indem wir den Horizont unseres Mitgefühls erweitern, bis er alle lebenden Wesen und die gesamte Natur in all ihrer Schönheit umfasst.*«[185]

ANMERKUNGEN

1 https://www.amazon.de/Ratio-Vorratio-Verh%C3%A4ltnis-Vorationalem-M%C3%BCndigkeit/dp/383009700X
2 https://docplayer.org/46055373-Albert-einstein-ein-physiker-auf-der-suche-nach-gott.html
   Albert Einstein in Seelig, ›Einstein‹, Seite 70f. Zitiert in: ›Einstein sagt‹, Zitate, Einfälle, Gedanken. Herausgegeben von Alice Calaprice, Piper Verlag München, 3. Auflage 2011, Seite 215
3 https://www.sciencedaily.com/releases/2013/01/130114153418.htm
   https://www.bbc.com/news/science-environment-40205808
4 https://www.youtube.com/watch?v=meiU6TxysCg
5 https://royalsocietypublishing.org/doi/10.1098/rspb.2018.1536
   https://www.cell.com/current-biology/fulltext/S0960-9822(09)02201-5?_returnURL=https%3A%2F%2Flinkinghub.elsevier.com%2Fretrieve%2Fpii%2FS0960982209022015%3Fshowall%3Dtrue
6 https://www.tagesschau.de/wirtschaft/verbraucher/teuerster-turnschuh-versteigerung-kanye-west-101.html
7 https://www.welt.de/vermischtes/article126008207/Die-lange-Kundenliste-der-minderjaehrigen-Huren.html
8 https://www.spiegel.de/partnerschaft/drogen-und-orgasmen-chemsex-als-problem-wenn-sex-nur-noch-auf-speed-schoen-ist-a-bea84a88-70f8-41ba-ba0c-1824e8b2b370
9 https://www.rcpsych.ac.uk/docs/default-source/members/sigs/spirituality-spsig/ben-sessa-from-sacred-plants-to-psychotherapy.pdf?sfvrsn=d1bd0269_2
10 https://www.presseportal.de/pm/60694/4907193
   https://www.deutschlandfunknova.de/beitrag/pornokonsum-von-jugendlichen
11 https://www.gruene.de/artikel/aufarbeitung-und-verantwortung
   https://www.theguardian.com/world/2006/jul/18/topstories3.mainsection

    https://www.independent.co.uk/news/world/europe/dutch-paedo-philes-to-launch-political-party-480598.html
12 https://www.fr.de/politik/cdu-csu-masken-skandal-maskenaffaere-tandler-hohlmeier-spahn-soeder-90527965.html
13 https://www.theguardian.com/commentisfree/2020/jan/17/selfless-billionaires-earth-burning-elon-musk-mars
    https://www.cnbc.com/2021/04/14/bill-gates-jeff-bezos-elon-musk-fight-climate-issue-in-iron-man-way.html
    https://www.spiegel.de/wissenschaft/mensch/bill-gates-elon-musk-und-jeff-bezos-werden-die-welt-nicht-vor-der-klimakatastrophe-retten-a-5ddac5c2-3fdb-4482-80b7-380b259266b2
14 https://www.theguardian.com/us-news/2021/oct/01/apple-amazon-microsoft-disney-lobby-groups-climate-bill-analysis
15 https://www.amazon.de/Ratio-Vorratio-Verh%C3%A4ltnis-Vorrationalem-M%C3%BCndigkeit/dp/383009700X
16 https://www.zeit.de/1979/52/leben-ohne-glauben/komplettansicht
17 https://www.zeit.de/1979/52/leben-ohne-glauben/komplettansicht
18 https://www.ncbi.nlm.nih.gov/pmc/articles/PMC1959414/
    https://caplab.yale.edu/sites/default/files/files/2016-Leimgruberetal.pdf
19 https://www.zeit.de/1979/52/leben-ohne-glauben/komplettansicht
20 http://www.nietzschesource.org/#eKGWB/FW-125
21 https://bigthink.com/scotty-hendricks/what-nietzsche-really-meant-by-god-is-dead
    »Europe no longer needed God as the source for all morality, value, or order in the universe; philosophy and science were capable of doing that for us. This increasing secularization of thought in the West led the philosopher to realize that not only was God dead but that human beings had killed him with their scientific revolution, their desire to better understand the world.
    The death of God didn't strike Nietzsche as an entirely good thing. Without a God, the basic belief system of Western Europe was in jeopardy, […]
    With the old system of meaning gone a new one could be created, but it came with risks – ones that could bring out the worst in human nature. Nietzsche believed that the removal of this system put most people at the risk of despair or meaninglessness. […] He would not have been surprised by the events that plagued Europe in the 20th century. Communism, Nazism, Nationalism, and the other ideologies that made their way across the continent in the wake of World War I sought to provide man with meaning and value, as a worker, as an Aryan, or some other greater deed […] While he may have rejected those ideologies, he no doubt would have acknowledged the need for the meaning they provided.«
22 https://www.globalcompact.de/migrated_files/wAssets/docs/

Menschenrechte/Studie_DGCN-ERGON_-DINA5-_20181129_WEB.pdf
https://www.stuttgarter-zeitung.de/inhalt.studie-zur-sklaverei-14500-menschen-in-deutschland-leben-als-sklaven.724ba991-0504-432d-a197-9d4bc0458fff.html

23 https://www.theater-an-der-ruhr.de/fileadmin/theater/Konzeption/Theorie/Geld/Kapitalismus-als-Religion.pdf
24 https://www.reuters.com/lifestyle/kanyes-yeezy-sneakers-snag-world-record-18-million-private-sale-sothebys-2021-04-26/
25 https://www.sothebys.com/en/buy/sneakers
26 https://weartesters.com/cost-breakdown-100-nike-sneaker/
27 https://www.stern.de/neon/feierabend/sneaker-als-sammelobjekt---das-geschaeft-mit-den-teuren-tretern-7619266.html
28 https://www.srf.ch/play/tv/sternstunde-philosophie/video/richard-david-precht-ohne-pflicht-kein-recht?urn=urn:srf:video:3a-04e088-1d67-4046-8d29-bdcc9918fbd7 (ab 16:00)
29 https://www.berliner-zeitung.de/politik-gesellschaft/rauschgiftdelikte-nehmen-zu-kokain-auf-rekordniveau-li.103758
https://www.dw.com/de/kokain-die-drogenpipeline-nach-europa/a-56772439
30 https://www.statista.com/statistics/611637/cocaine-use-during-lifetime-in-the-us/
31 https://www.focus.de/gesundheit/ratgeber/depression/news/steigender-konsum-weltweit-warum-es-gut-ist-dass-wir-immer-mehr-antidepressiva-nehmen_id_5091985.html
32 https://www.vox.com/2014/12/24/7447727/materialism-psychology
33 https://www.aerztezeitung.de/Medizin/Schuetzt-Religion-vor-Depression-240567.html
https://ajp.psychiatryonline.org/doi/10.1176/appi.ajp.2011.10121823
34 https://bmjopen.bmj.com/content/9/6/e024886
»The evidence does not support definitive conclusions regarding the benefits of antidepressants for depression in adults. It is unclear whether antidepressants are more efficacious than placebo.«
35 https://www.prnewswire.com/news-releases/global-antidepressant-and-anti-anxiety-drugs-market-2019-2029-300862947.html
https://spitzen-praevention.com/2019/12/10/cochrane-review-2018-12-mrd-ausgaben-fuer-antidepressiva-fuer-die-tonne/
36 https://worldpopulationreview.com/country-rankings/alcohol-consumption-by-country
37 https://pubmed.ncbi.nlm.nih.gov/3887038/
38 http://citeseerx.ist.psu.edu/viewdoc/download?doi=10.1.1.903.1051&rep=rep1&type=pdf
https://www.ncbi.nlm.nih.gov/pmc/articles/PMC5739079/
39 https://www.ncbi.nlm.nih.gov/pmc/articles/PMC4872613/
»Religious affiliation, spirituality, and spiritual practices often have

been studied as protective factors in the prevention and treatment of hazardous alcohol consumption [...]
Of relevance to the current article, Kendler and colleagues (2003) found that greater general religiosity, social religiosity, belief in the involvement of God in a person's life, belief in God as judge, and thankfulness all were significantly associated with a decreased risk for alcohol dependence.«

40 https://pubmed.ncbi.nlm.nih.gov/17458419/
41 https://www.medicalnewstoday.com/articles/pornography-and-depression
42 https://www.spiegel.de/partnerschaft/drogen-und-orgasmen-chemsex-als-problem-wenn-sex-nur-noch-auf-speed-schoen-ist-a-bea84a88-70f8-41ba-ba0c-1824e8b2b370
43 https://www.molnut.uni-kiel.de/pdfs/neues/2017/Max_Weber.pdf
44 https://kevinbinz.com/2013/12/03/jaynes-the-origin-of-consciousness-in-the-breakdown-of-the-bicameral-mind/
»We sometimes think, and even like to think, that the two greatest exertions that have influenced mankind, religion and science, have always been historical enemies, intriguing us in opposite directions. But [...] It is not religion but the church and science that were hostile to each other. And it was rivalry, not contravention. Both were religious. They were two giants fuming at each other over the same ground. Both proclaimed to be the only way to divine revelation. (The Origin Of Consciousness In The Breakdown Of The Bicameral Mind, Part III, Chapter 6, page 43).«
45 https://www.nature.com/articles/nature.2015.18248
46 https://www.aerzteblatt.de/archiv/214692/Thomas-Szasz-Kritiker-der-Psychiatrie
https://www.nytimes.com/2012/09/12/health/dr-thomas-szasz-psychiatrist-who-led-movement-against-his-field-dies-at-92.html
https://blogs.scientificamerican.com/the-curious-wavefunction/is-psychology-a-e2809creale2809d-science-does-it-really-matter/
47 https://onlinelibrary.wiley.com/doi/full/10.1111/jep.12147?__cf_chl_jschl_tk__=pmd_hUmY9z.fK1GlUjgkT0quIuQFLYnCa9r22S_v7HHafqY-1635860089-0-gqNtZGzNAiWjcnBszQnl
48 https://www.lrb.co.uk/the-paper/v43/n05/john-foot/on-the-barone
49 https://beruhmte-zitate.de/autoren/albert-einstein/
50 https://blogs.scientificamerican.com/cross-check/troublemaker-lee-smolin-says-physics-8211-and-its-laws-8211-must-evolve/
»The problems are rooted in the way the career and funding structures of the academy reward me-too science, lack of courage, Entrenchment of failed research programs, legacy building, empire building, narrowness, defensive strategies and groupthink. These should be of concern to anyone in a position to craft incentives for academics [...] Many spoke to me and are concerned and a few are making efforts to

craft incentives that reward high risk/high payoff, transformational science and avoid groupthink, low risk/low payoff and me-too science.«

51 https://blogs.scientificamerican.com/cross-check/troublemaker-lee-smolin-says-physics-8211-and-its-laws-8211-must-evolve/
»This is easily done by focusing on narrow notions of excellence that reward technical virtuosity over the invention of new ideas. The problem is that new ideas are always fragile; in addition scientist who follow incremental low risk strategies are often better academic politicians than those of us who focus on high risk strategies because – their research being less challenging – they have more time and effort to devote to the game of academic influence.«

52 https://www.jsmf.org/clothing-the-emperor/2020/02/07/the-corruption-of-scientists-by-fame-and-money/
https://www.researchgate.net/publication/312502803_The_Corruption_of_Science
https://journals.sagepub.com/doi/abs/10.1177/104829119800800106?journalCode=newa

53 https://www.nationalreview.com/corner/the-ideological-corruption-of-science/

54 https://www.netzwerk-wissenschaftsfreiheit.de/ueber-uns/manifest/

55 https://www.aerztezeitung.de/Politik/Wissenschaft-in-der-Pandemie-und-das-grosse-Missverstaendnis-415959.html

56 https://link.springer.com/chapter/10.1007/978-3-531-93347-4_8

57 https://www.researchgate.net/publication/312502803_The_Corruption_of_Science

58 https://www.pro-medienmagazin.de/brasilianischer-physiker-erhaelt-templeton-prize/

59 https://www.pro-medienmagazin.de/brasilianischer-physiker-erhaelt-templeton-prize/

60 https://www.scientificamerican.com/article/atheism-is-inconsistent-with-the-scientific-method-prizewinning-physicist-says/
»I honestly think atheism is inconsistent with the scientific method. What I mean by that is, what is atheism? It's a statement, a categorical statement that expresses belief in nonbelief. […] It's not just me; it's also my colleague the astrophysicist Adam Frank, and a bunch of others, talking more and more about the relation between science and spirituality.«

61 https://www.pewresearch.org/politics/2009/07/09/section-4-scientists-politics-and-religion/

62 https://phys.org/news/2015-12-worldwide-survey-religion-science-scientists.html
»Science is a global endeavor, [..] And as long as science is global, then we need to recognize that the borders between science and religion are more permeable than most people think.«

63 https://phys.org/news/2015-12-worldwide-survey-religion-science-scientists.html
»In addition to the survey's quantitative findings, the researchers found nuanced views in scientists' responses during interviews. For example, numerous scientists expressed how religion can provide a ›check‹ in ethically gray areas.«

64 https://phys.org/news/2015-12-worldwide-survey-religion-science-scientists.html
»(Religion provides a) check on those occasions where you might be tempted to shortcut because you want to get something published and you think, ›Oh, that experiment wasn't really good enough, but if I portray it in this way, that will do.«

65 https://www.nytimes.com/2005/08/23/us/scientists-speak-up-on-mix-of-god-and-science.html
»It should not be a taboo subject, but frankly it often is in scientific circles.«

66 https://www.amazon.de/s?k=beyond+physicalism&adgrpid=66430763890&gclid=CjwKCAjwkN6EBhBNEiwADVfya1Zj10Wqz-tCfl60mSXiCEf02JSK9kzfCCnzUrzm_79fW9iL0LY_rsBoCAEwQA-vD_BwE&hvadid=352780462208&hvdev=c&hvlocphy=9042435&hvnetw=g&hvqmt=e&hvrand=9420940908943474016&hvtargid=kwd-300982726951&hydadcr=27552_1736761&tag=googdr08-21&ref=pd_sl_53doiiw2qg_e

67 https://www.scientificamerican.com/article/atheism-is-inconsistent-with-the-scientific-method-prizewinning-physicist-says/
»To me, science is one way of connecting with the mystery of existence. And if you think of it that way, the mystery of existence is something that we have wondered about ever since people began asking questions about who we are and where we come from. Einstein would have said the same thing, I think, with his cosmic religious feeling.«

68 https://gutezitate.com/zitat/140086
»Ich will Gottes Gedanken kennenlernen. Der Rest ist Nebensache.«
http://www.lingquotes.com/authors/albert-einstein-en/albert-einstein-068/
»I want to know God's thoughts – the rest are mere details.«
https://www.livescience.com/65628-theory-of-everything-millennia-away.html

69 https://docplayer.org/46055373-Albert-einstein-ein-physiker-auf-der-suche-nach-gott.html
»The most beautiful and most profound emotion we can experience is the sensation of the mystical. It is the sower of all true science. He to whom this emotion is a stranger, who can no longer stand rapt in awe is as good as dead. That deeply emotional conviction of the presence of a superior reasoning power, which is revealed in the incomprehensible Universe, forms my idea of God.«

(Albert Einstein in Anfinsen in Margenau/ Varghese: Cosmos, Bios, Theos. 1992, page 139-140)

70 https://bigthink.com/surprising-science/the-5-biggest-unanswered-questions-in-science-prospective-einsteins-take-note/

71 https://www.amazon.de/Constant-Fire-Beyond-Science-Religion/dp/0520254120

»This book [...] is about science and human spiritual endeavor. It is about the human aspiration to find what is true and what is real and then to build lives in accord with that understanding.«

In: The Constant Fire: Beyond the Science Vs. Religion Debate, Seite 5.

72 https://philpapers.org/rec/DOSTFC

»... perhaps the most important psychological phenomenon of the 20th century, as shocking and counter-intuitive as quantum mechanics ...«

73 https://www.rfcafe.com/references/newspapers/albert-einstein-new-york-times-12-3-1919.htm

https://newspaperarchive.com/new-york-times-dec-03-1919-p-19/?__cf_chl_jschl_tk__=c44ee68523a2e44d4993344aebdde50ca8f7ca83-1620073806-0-ARTqkBzd6qKQR5WO8lQJS-epeIw34mZTse99QTnAxdljvgGe44Fgm5cBg0ynsU2mKGYBiFjwHCFuVGQ-OdkvCD-5by2RfBItnBChDjht9IGCAyETqjonjyhSEnPIiz6BO0a7hI8uUyysijq2AQjiSULhEiv0-1xG6pN94ONhdNHbD2OkClkthtBL9X1qgfipGbQR06il5wGe9E6yWUHy-OGbFa5-MiwFlk6P-qwZUtxRV7C78Kz9TYvj2pDi-2-W6Tii4Zb45- Q9flIgUU2nXhmzZgLBBYpulrNUmsjMvFjBkPvaWnnlWDUj80G1bIG-6QFHe45OjvJioka4x-J9MTxJOaLA6Q0GbSr6CnXT8eX_zu_b_GG7OOOSokBhzGg-G0UVoiIlH2_apsJFSdv2jEjdTIouiMo9-9w4RdoFwpctLDCoQPxncpkUfeD0cPkXJs5TplpVJuwkAb0nD029cqbaUgJ2VdNGOjKsCvgnSv9S6mkpJqvXILeSrNGSj3MLV8IMA

»It was from his lofty library, in which our conversation took place, that he observed years ago a man dropping from a neighboring roof – luckily on a pile of soft rubbish – and escaping almost without injury. that man told Dr. Einstein that in falling he experienced no sensation commonly considered as the effect of gravity, which, according to Newton's theory, would pull him down violently toward the earth. this incident, followed by further researches along the same line, started in his mind a complicated chain of thoughts leading finally as he expressed it, not a disavowal of Newton‹s theory of gravitation, but to a sublimation or supplement of it.«

74 https://digital.library.unt.edu/ark:/67531/metadc938006/m2/1/high_res_d/vol20-no1-64.pdf

»Among a number of interesting aspects reported by Heim himself,as well as many people he interviewed, was that as his body fell to-ward the ground below, ›Time became greatly expanded‹ (Heim, quot-ed in Noyes and Kletti, 1972, p. 47). Said slightly differently, what Heim

discovered was that people often reported that as they fell from a great height, time seemed to slow down or stop completely.«
75 https://www.zeit.de/zeit-wissen/2016/01/nahtoderfahrung-sterben-forschung-gehirn/komplettansicht
76 https://www.zeit.de/zeit-wissen/2016/01/nahtoderfahrung-sterben-forschung-gehirn/komplettansicht
77 https://www.zeit.de/zeit-wissen/2016/01/nahtoderfahrung-sterben-forschung-gehirn/komplettansicht
78 https://www.zeit.de/zeit-wissen/2016/01/nahtoderfahrung-sterben-forschung-gehirn/komplettansicht
79 https://www.hr-fernsehen.de/sendungen-a-z/die-ratgeber/sendungen/die-ratgeber--nahtoderfahrungen-wenn-sich-das-leben-schlagartig-aendert,sendung-92810.html
80 https://www.frontiersin.org/articles/10.3389/fnhum.2017.00417/full#B9
81 https://www.ncbi.nlm.nih.gov/pmc/articles/PMC5469194/
82 https://www.ncbi.nlm.nih.gov/pmc/articles/PMC6716500/
83 https://www.ncbi.nlm.nih.gov/pmc/articles/PMC6716500/
»The most often reported symptoms were abnormal time perception (faster or slower than normal; reported by 252 participants; 87%); exceptional speed of thoughts (n = 189; 65%); exceptional vivid senses (n = 182; 63%); and feeling separated from one's body, including out-of-body experiences (n = 152; 53%.«
84 https://core.ac.uk/download/pdf/30650124.pdf
85 https://www.nature.com/articles/419269a.epdf?sharing_token=ijghDef9cY5SiA3sj4QyZ9RgN0jAjWel9jnR3ZoTv0NtPCmpY-BRmuZpqJnE4_ym_MVB1U82o_FTlzT9WV5aNo3Swr6Uh-L3iKbbGbCEgpO8LWZi5-l4cHY6cCalofGqMXpcrd7j07M_v2A-MEJnLsleB-srVqODLjTqC5kwqztsZsUDH2S2zsTZwG6sQbFte1L7XxhDcdcTnTWW7SGbUGJpsmHHzWNTHkAdU-vUlndxQJ0eZkyllaYnSZdY7z8JcahJ3yzPc46TKG08PO0Ta8nnAg-cOFds86kCSGWJEnF7fh5fOCD8E7YrDaO635x1kVZY1&tracking_referrer=www.theatlantic.com
86 https://www.sciencedirect.com/science/article/abs/pii/S1878875016302637?via%3Dihub
»During surgery, stimulation of subcortical white matter in the left TPJ repetitively induced OBEs, in which the patient felt as if she was floating above the operating table looking down on herself.«
87 https://www.frontiersin.org/articles/10.3389/fnhum.2017.00417/full#B9
»But why did these five patients report OBEs and no other patients stimulated at the TPJ? Do they belong to an OBE-prone subpopulation? These questions have not been addressed. [...]
Interestingly, OBEs are also a common feature of near-death experiences.«
88 https://www.frontiersin.org/articles/10.3389/fnhum.2017.00417/full#B9

89 https://pubmed.ncbi.nlm.nih.gov/32333240/
90 https://www.sciencedaily.com/releases/2021/07/210701195245.htm
»Our results suggest that spirituality and religiosity are rooted in fundamental, neurobiological dynamics and deeply woven into our neurofabric.«
91 http://www.andrewnewberg.com/research-blog/2013/9/26/is-god-only-in-our-brain
»Our research indicates that our only way of comprehending God, asking questions about God, and experiencing God is through the brain. But whether or not God exists ›out there' is something that neuroscience cannot answer.«
92 https://www.sciencedaily.com/releases/2021/07/210723105247.htm
93 http://www.andrewnewberg.com/research
»Religious and spiritual experiences are typically highly complex, involving emotions, thoughts, sensations, and behaviors. These experiences seem far too rich and diverse to derive solely from one part of the brain. It is much more likely that many parts of the brain are involved. Additionally, very different patterns of brain activity may appear, depending upon the particular experience the individual is having. For example, a near-death experience might result in different activity patterns from those found in a person who is meditating. Such evidence indicates that more than a single ›God module‹ is at work – that, in fact, a number of structures in the brain work together to help us experience spirituality and religion.«
94 https://www.ncbi.nlm.nih.gov/pmc/articles/PMC3971164/
»Predicting the unpredictable: critical analysis and practical implications of predictive anticipatory activity.«
95 https://www.frontiersin.org/articles/10.3389/fnhum.2014.00146/full
»The human body can apparently detect randomly delivered stimuli occurring 1–10 s in the future (Mossbridge et al., 2012). The key observation in these studies is that human physiology appears to be able to distinguish between unpredictable dichotomous future stimuli, such as emotional vs. neutral images or sound vs. silence. This phenomenon has been called presentiment (as in ›feeling the future‹). In this paper we call it predictive anticipatory activity (PAA). The phenomenon is ›predictive‹ because it can distinguish between upcoming stimuli; it is ›anticipatory‹ because the physiological changes occur before a future event; and it is an ›activity‹ because it involves changes in the cardiopulmonary, skin, and/or nervous systems. PAA is an unconscious phenomenon that seems to be a time-reversed reflection of the usual physiological response to a stimulus. It appears to resemble precognition (consciously knowing something is going to happen before it does), but PAA specifically refers to unconscious physiological reactions as opposed to conscious premonitions.«

96 https://blogs.scientificamerican.com/bering-in-mind/one-last-goodbye-the-strange-case-of-terminal-lucidity/
97 https://pubmed.ncbi.nlm.nih.gov/30513269/
»Terminal lucidity is an unpredictable end-of-life experience that has invaluable implications in preparation for death. We retrospectively evaluated terminal lucidity at a university teaching hospital. [...] Periods of lucidity ranged from several hours to 4 days. [...] More attention should be directed toward understanding terminal lucidity to improve end-of-life care in a meaningful way.«
98 http://www.michaelnahm.com/terminal-lucidity
99 https://www.theguardian.com/society/2021/feb/23/the-clouds-cleared-what-terminal-lucidity-teaches-us-about-life-death-and-dementia
100 https://www.theguardian.com/society/2021/feb/23/the-clouds-cleared-what-terminal-lucidity-teaches-us-about-life-death-and-dementia
»If you talk to hospice nurses and palliative care doctors, they all know about this, [...] But no one's ever studied it properly because no one ever thought anyone would take it seriously enough. So what I wanted to do is to help move this into the scientific realm.«
101 https://www.resuscitationjournal.com/article/S0300-9572%2814%2900739-4/fulltext
102 https://www.resuscitationjournal.com/article/S0300-9572(15)00819-9/fulltext
103 https://blogs.unimelb.edu.au/sciencecommunication/2016/10/15/organ-transplants-a-change-of-heart-in-more-ways-than-one/
»In 2006, a 63-year-old man with a very limited artistic ability underwent a heart transplant. Following the operation, the man was amazed to find that his artistic ability had dramatically increased. Nurses at the hospital were also astonished with his new talent. It was only after the man found out who the organ donor was that his remarkable ability began to make sense. The organ donor was a keen artist.«
Is it possible that the skills of the donor were passed on to the recipient through the heart? It doesn't seem possible; how can this sort of information be stored outside of the brain? Cellular memory theory could explain it!
104 https://pubmed.ncbi.nlm.nih.gov/10882878/
»Parallels included changes in food, music, art, sexual, recreational, and career preferences, as well as specific instances of perceptions of names and sensory experiences related to the donors (e.g., one donor was killed by a gun shot to the face; the recipient had dreams of seeing hot flashes of light in his face).«
105 https://pubmed.ncbi.nlm.nih.gov/31807566/
106 https://beruhmte-zitate.de/zitate/1973524-nikola-tesla-an-dem-tag-an-dem-die-wissenschaft-beginnt-die-n/

107 https://www.dasgehirn.info/wahrnehmen/sehen/was-sehen-wir-eigentlich-licht
108 https://neurologism.com/2017/02/17/is-there-any-conclusive-proof-that-the-brain-produces-consciousness-what-rules-out-the-case-that-brain-acts-as-receptor-antennae-for-con/
https://www.salon.com/2014/04/26/our_godless_brains_emerging_science_reveals_mind_blowing_alternatives_to_a_higher_power/
109 https://beruhmte-zitate.de/zitate/1959433-nikola-tesla-wenn-du-die-geheimnisse-des-universums-finden-will/
110 https://www.youtube.com/watch?v=0wipB5WFzkE
111 https://www.youtube.com/watch?v=XqWbIVlnmNM
112 https://kavlifoundation.org/news/same-wavelength
»What we found could be described as a radio-like system inside the brain. The lower frequencies are used to transmit memories of past experiences, and the higher frequencies are used to convey what is happening where you are right now.«
113 https://www.sciencedaily.com/releases/2014/01/140122133713.htm
114 https://phys.org/news/2017-07-physicists-retrocausal-quantum-theory-future.html
115 https://www.scientia.global/dr-peter-evans-retro-causality-unravelling-the-mysteries-of-quantum-cosmology/
116 https://aip.scitation.org/doi/abs/10.1063/1.4982775
»Multiple laboratories have reported physiological and psychological changes associated with future events that are designed to be unpredictable by normal sensory means. Such phenomena seem to be examples of retrocausality at the macroscopic level. Here I will discuss the characteristics of seemingly retrocausal effects in biology and psychology, specifically examining a biological and a psychological form of precognition, predictive anticipatory activity (PAA) and implicit precognition.«
117 https://www.newscientist.com/article/mg25033340-700-is-everything-predetermined-why-physicists-are-reviving-a-taboo-idea/
118 https://docplayer.org/25817157-Der-realitaetenkellner.html
119 https://archiviopenale.it/libero-arbitrio-e-imputabilita/articoli/ 2056
120 https://www.youtube.com/watch?v=2gtNDACiTIw
121 https://ethik-heute.org/die-ethik-der-anerkennung/
https://www.jstor.org/stable/45175324
122 https://www.researchgate.net/publication/270937082_Was_ist_Achtsamkeit_Herkunft_Praxis_und_Konzeption
123 https://www.spiegel.de/politik/macht-uns-achtsamkeit-zu-egoisten-a-770516b4-0002-0001-0000-000177244292
124 https://www.sciencedaily.com/releases/2014/02/140212112745.htm
»One 15-minute focused-breathing meditation may help people make smarter choices, according to new research from researchers at INSEAD and The Wharton School.«

125 https://www.sciencedaily.com/releases/2014/02/140212112745.htm
»We found that a brief period of mindfulness meditation can encourage people to make more rational decisions by considering the information available in the present moment, while ignoring some of the other concerns that typically exacerbate the ›sunk cost bias‹.«

126 https://core.ac.uk/download/pdf/266992834.pdf
»Consideration of Buddhism in the deliberation of MW from a virtue-ethics perspective leads to a broader, inclusive, and holistic framework because it calls for integration of our professional, interpersonal, and spiritual life.Buddhism offers the possibility of changing our attitude toward work and cultivating wisdom to discern ways to improve working conditions and create a more compassionate economic system for all beings.«

127 https://www.zeit.de/2019/34/diskriminierung-arbeitsplatz-frauen-job-sexismus-gleichberechtigung

128 https://www.zeit.de/kultur/2017-12/arbeitswelt-wandel-deutschland-stimmung-arbeitsplatz-10nach8/komplettansicht
https://pubmed.ncbi.nlm.nih.gov/30732832/
»There is a growing body of evidence demonstrating positive benefits from meditation in some clinical populations especially for stress reduction, anxiety, depression, and pain improvement [...].«

129 https://www.newscientist.com/article/mg25033370-300-the-mindfulness-revolution-a-clear-headed-look-at-the-evidence/

130 https://pubmed.ncbi.nlm.nih.gov/31903785/

131 https://pubmed.ncbi.nlm.nih.gov/29933746/

132 https://pubmed.ncbi.nlm.nih.gov/29933746/
»Two randomized controlled trials will be conducted to assess the effects of 2-month and 18-month meditation [...] This European research initiative illustrates the progressive awareness of the benefit of such non-pharmacological approaches in the prevention of dementia and the relevance of taking into account the psycho-affective dimension in endeavoring to improve mental health and well-being of older adults.«

133 https://pubmed.ncbi.nlm.nih.gov/30153464/
»Compared to our control group, we found that 8 [...]weeks of brief, daily meditation decreased negative mood state and enhanced attention, working memory, and recognition memory[...].This study not only suggests a lower limit for the duration of brief daily meditation needed to see significant benefits in non-experienced meditators, but suggests that even relatively short daily meditation practice can have similar behavioral effects as longer duration and higher-intensity mediation practices.«

134 https://pubmed.ncbi.nlm.nih.gov/29723001/

135 https://pubmed.ncbi.nlm.nih.gov/30969174/

136 https://pubmed.ncbi.nlm.nih.gov/25698699/

137 https://app.imagineclarity.com/meditation
»Meditation is not just emptying our mind and relaxing. Meditation is training our minds.«
138 https://www.taylorfrancis.com/books/mono/10.4324/9781315767437/business-buddhism-joan-marques
»She outlines the ways in which it offers highly effective solutions to addressing important management and organizational behavior related issues«
139 https://taniasinger.de/de/autorin/
140 https://taniasinger.de/de/autorin/
141 https://link.springer.com/bookseries/16318
»This book series is devoted to exploring and presenting new developments in contemplative inquiry related to Buddhist Economics, Well-Being, Social Transformation, Mindful Organizations, and Ecological Worldview in management and policy contexts. This particular combination of fields represents a unique nexus for reflection and action toward developing ways of mindful and sustainable management for organizations in the economic and social life.«
142 https://www.econ.berkeley.edu/content/buddhist-economics-enlightened-approach-dismal-science
143 https://journals.sagepub.com/doi/full/10.1177/1043463118787498
»However, in the age of globalization and the Internet, [...] I believe these developments in technology make Buddhist philosophy more rather than less relevant. [...] And there is the concept of ›procedural utility‹ (›how‹ something is done matters as well as what is done), introduced into economics by Frey et al. (2002). Indeed, in recent years, there has been tremendous interest in Buddhist philosophy, most especially in those countries like the United States and Canada where the Internet and globalization have proceeded most rapidly.«
144 https://journals.sagepub.com/doi/full/10.1177/1043463118787498
»If the Buddhist approach to happiness is correct, this explains why so much of ordinary consumption is so unsatisfying. Aggrandizing the ego by accumulating more and more wealth so that you can consume more and more just distances you from other people and from the objects of consumption themselves. The more you have, the more your ego gets inflated, and the more you have to feed it to keep it happy. And the more you have, the more difficult it is going to be to focus on the oneness of things, since your joy is more focused on how many things you have. Losing the ego, erasing the distinction between self and other, subject and object, trying to become one with the (invisible) whole rather than owning or dominating as much of the environment as you can is the key to contentment.«
145 https://www.ncbi.nlm.nih.gov/pmc/articles/PMC3004979/
146 https://pubmed.ncbi.nlm.nih.gov/25632405/
147 https://link.springer.com/article/10.1007/s11682-021-00453-4

148 https://www.frontiersin.org/articles/10.3389/fpsyg.2020.02209/full
149 https://www.newscientist.com/article/mg25033370-300-the-mind fulness-revolution-a-clear-headed-look-at-the-evidence/
[...] »that, over time, these changes in brain activation during meditation alter the structure of the brain, increasing grey matter in the prefrontal cortex, for example, and shrinking the amygdala, potentially protecting against stress.«
150 https://academic.oup.com/cercor/article/23/7/1552/288473
151 https://advances.sciencemag.org/content/3/10/e1700489?intcmp=trendmd-adv
»Our longitudinal findings indicate structural plasticity in well-known socio-affective and socio-cognitive brain networks in healthy adults based on targeted short daily mental practices. These findings could promote the development of evidence-based mental training interventions in clinical, educational, and corporate settings aimed at cultivating social intelligence, prosocial motivation, and cooperation.«
152 https://pubmed.ncbi.nlm.nih.gov/21303197/
153 https://edition.cnn.com/2016/11/04/health/meditation-in-schools-baltimore/index.html
»I did some deep breathing, had a little snack, and I got myself together«, the boy recalled. »Then I apologized to my class.«
154 https://edition.cnn.com/2016/11/04/health/meditation-in-schools-baltimore/index.html
»When the kids come down here, they're all rowdy and goofing around, [...] When they leave the room, they're peaceful and quiet and ready to do their work.«
155 https://www.theguardian.com/teacher-network/2015/nov/24/san-franciscos-toughest-schools-transformed-meditation
156 https://pubmed.ncbi.nlm.nih.gov/31448928/
»After intervention, children who received mindfulness training reported lower stress associated with reduced right amygdala activation to fearful faces relative to children in the control condition. [...] Changes in perceived stress and neuroplasticity occurred in nonmeditative states, indicating that the benefits of mindfulness training generalized beyond the active meditative state. This study provides initial evidence that mindfulness training in children reduces stress and promotes functional brain changes and that such training can be integrated into the school curriculum for entire classes.«
157 https://www.abc.net.au/news/2019-09-25/learning-from-denmark-teaching-children-empathy-over-competition/11524074
»The Danes do not prescribe to a me-versus-you culture. After much questioning and a day in a classroom, I discovered it starts at primary school.
Their curriculum focuses strongly on the ›whole‹ child, not just their

sporting or academic achievements. Entire subjects are dedicated to teaching empathy, mutual respect and social cohesion over competitiveness.«
158 https://www.familiii.at/empathie-lernt-man-in-daenemark-in-der-schule/
159 https://ave-institut.de/
160 https://europe-project.org/portugal-sweden-netherlands-quiet-time/
161 https://www.welt.de/regionales/nrw/article153409097/Auf-dem-Stundenplan-steht-Achtsamkeit.html
http://www.achtsamkeit.com/gik
https://www.zdf.de/nachrichten/heute-in-deutschland/achtsamkeit-im-klassenzimmer-100.html
162 https://www.nytimes.com/2019/02/04/world/europe/uk-mindfulness-children-school.html
163 https://www.frontiersin.org/articles/10.3389/fpsyg.2014.00603/full
164 https://hechingerreport.org/schools-bring-mindfulness-to-the-classroom-to-help-kids-in-the-covid-19-crisis/
165 https://link.springer.com/article/10.1007/s12671-020-01410-w
»Despite the general ›acceptable‹ level of quality, most apps failed to achieve a score of good (≥ 4.0) in all MARS dimensions. Overall, it seems that there is room for improvement in what concerns the mindfulness-based apps freely available for children.«
166 https://medical.mit.edu/stay-healthy-mit-stress-reduction/mindfulness-apps
167 https://www.newscientist.com/article/mg25033340-900-david-eagleman-interview-how-our-brains-could-create-whole-new-senses/
»The wristband is now a product called Buzz that captures sound and turns it into patterns of vibration through four motors. That information on the skin follows the nerves up to your brain, which has no problem learning how to come to an understanding of it. Thousands of deaf people are using it. Every day we get emails from people who say they suddenly realised that they left the water running or they can tell the difference between their two dogs barking.«
168 https://www.newscientist.com/article/mg25033340-900-david-eagleman-interview-how-our-brains-could-create-whole-new-senses/
»We often say the brain has plasticity, meaning it can be moulded like plastic. But I feel the term plasticity isn't big enough to capture the way that the whole system is moving. Instead, I use the term «live-wired" to represent that you have billions of neurons reconfiguring their circuitry every second. The connections between them are changing their strength and unplugging and re-plugging in elsewhere.«
169 https://www.spektrum.de/news/die-vernetzte-welt-der-pflanzen/1598658
170 https://www.forschung-und-lehre.de/weltklimarat-mahnt-zum-sofortigen-handeln-3916/

171 https://app.imagineclarity.com/meditation
»We should never get discouraged that we cannot change the world, because it begins with us, and slowly when like-minded people get to a critical mass, we can have a change of culture. It does start with oneself, there is no other way!«

172 https://www.ncbi.nlm.nih.gov/pmc/articles/PMC3004979/

173 https://www.sciencedaily.com/releases/2021/08/210805104416.htm

174 https://www.weforum.org/agenda/2018/01/3-steps-to-happiness-according-to-a-buddhist-monk
»As a young man, Ricard studied molecular genetics under a Nobel laureate at the prestigious Pasteur Institute. He would take breaks from his studies to pursue his growing interest in Buddhism, and traveled to Darjeeling to learn from spiritual masters. Ricard ultimately received his PhD, but when it came time to decide what to do with his life, the decision was easy. [...] He compared it to fruit that has ripened on a tree: ›At some point you don't have to pull and break the branch to get the fruit. It‹s just touch it and it falls in your hands.‹«

175 https://www.pnas.org/content/101/46/16369.full

176 https://www.sueddeutsche.de/wissen/neuro-experiment-moenche-in-der-magnetroehre-1.912829

177 https://www.sueddeutsche.de/wissen/neuro-experiment-moenche-in-der-magnetroehre-1.912829

178 https://www.hsph.harvard.edu/news/features/richard-davidson-well-being/

179 https://www.psychologie-guide.de/der-konsum-verspricht-nur-ein-kurzfristiges-glueck.html

180 https://www.bildungsspiegel.de/news/verschiedenes/2978-streben-nach-geld-und-karriere-macht-eher-ungluecklich

181 https://www.gesundheit.gv.at/krankheiten/sucht/sexsuechtig

182 https://www.sciencedaily.com/releases/2015/04/150409093940.htm

183 https://greatergood.berkeley.edu/article/item/the_four_keys_to_well_being
»Human beings come into the world with innate, basic goodness. When we engage in practices that are designed to cultivate kindness and compassion, we're not actually creating something de novo – we're not actually creating something that didn't already exist. What we're doing is recognizing, strengthening, and nurturing a quality that was there from the outset.
Our brains are constantly being shaped wittingly or unwittingly – most of the time unwittingly. Through the intentional shaping of our minds [...] we can take responsibility for our own minds.«

184 https://www.quotez.net/german/albert_einstein.htm
https://beruhmte-zitate.de/autoren/charles-darwin/

185 https://beruhmte-zitate.de/autoren/albert-einstein/

MIRYAM MUHM arbeitet als freie Journalistin und hat sich auf medizinische und naturwissenschaftliche Themen spezialisiert. Sie schrieb für verschiedene Medien, unter anderem für die *Süddeutsche Zeitung* und *La Repubblica*. Die in München und in Italien lebende Autorin ist außerdem selbstständige Dokumentarfilmerin für das italienische Fernsehen RAI TV.

SUZANNE BÜRGER (redaktionelle Mitarbeiterin) hat als Fachübersetzerin (SDI) mit den Schwerpunkten Technik, Naturwissenschaften und Management jahrzehntelange Erfahrung in der Aufbereitung von Texten aller Art.